Parlez aux Entités

Talk To The Entities®

Une invitation à une possibilité totalement différente

Shannon O'Hara

Troisième édition

© 2014 Shannon O'Hara
Édition : Jesper Nilsson & Dona Haber
Traductrices : Marlène Glauser Ricci et Cindy Fellay

Tous droits réservés. Ce livre ne peut pas être reproduit ou retransmis en totalité ou en partie par quelque moyen que ce soit, électronique, mécanique, par photocopie, enregistrement ou autre sans la permission écrite de la maison d'édition, à l'exception des journalistes qui peuvent citer de bref passages dans un article.

L'intention de l'auteur est uniquement d'offrir des informations de nature consciente afin de vous aider dans votre quête de bien-être émotionnel et spirituel. Si vous utilisez les informations contenues dans ce livre pour vous, ce qui est votre droit constitutionnel, ni l'auteur ni la maison d'édition ne peuvent être tenues responsables de vos actions.

Si vous avez des questions ou que vous aimeriez commander de nouveaux exemplaires, rendez-vous sur http://talktotheentities.com

ISBN: 978-1-63493-157-1

Imprimé par Access Consciousness Publishing, LLC

Remerciements

Un grand merci Kacie Crisp de Marin County de m'avoir aidée à lancer ce projet. Sans elle, qui sait combien de temps cela aurait pris. Tu es une femme géniale et merci, merci, merci. Et toutes les autres personnes qui ont contribué à ce livre pour qu'il devienne ce qu'il est, Liam Phillips, Simone Phillips, Stella Janouris, Heidi Kirkpatrick, Jesper Nilsson, Ryan Gantz, Jason Stahl, Q-Mars Imandel et Dona Haber. Merci à tous mes magnifiques amis de faire de ma vie et du monde un meilleur endroit.

Un énorme merci tout particulier à Gary Douglas qui a été la source de l'inspiration, des outils et de la magie qui a rendu non seulement ce livre possible mais également une vie au-delà de cette réalité.

Merci et comment est-ce que ça devient encore mieux que ça ?

Sommaire

Remerciements 3
Sommaire 5
Prologue 7
Introduction 9

Première partie 13
Au commencement… 13
Les enfants ont les clés 14
Lire les auras avant de lire des livres 17
Grandir bizarre 19
Beau-père 21
Gary et les fantômes 23
Cache-cache 25
L'avion sans ailes 27
La bonne vieille Angleterre 30
Les esprits me rendent malade 33
Le coffre hanté 38
Drogues et alcool 42
Rites de passage 46
Access 51

Deuxième partie 59
La frontière 59
Forêt enchantée, Terre enchantée 60
Le père d'un ami nous rend visite 67

Une soirée à la Nouvelle Orléans 74
Grandir et devenir qui je suis 82
Robin 87
Au Country Club 92
La visite d'une vieille amie de la famille 95
Comment les entités peuvent nous aider 97
L'entité qui a causé le cancer 102
Une maison hantée en Suède 107
Aider ma sœur lors d'une soirée effrayante 117
La relève de la garde 127

Troisième Partie 137
Retranscription d'une classe Parlez Aux Entités, Australie 2008 138
Information 157

Prologue

Cela fait quatre ans et demi que ce livre est entré dans ce monde et qu'il a commencé à créer sa propre voix. Durant tout le temps qu'a duré cette création, je n'ai jamais vraiment réalisé l'énorme impact qu'il aurait dans le monde, et toutes les vies de gens qu'il toucherait, y compris la mienne. Je savais que je devais raconter mon histoire, en espérant que cela montrerait à d'autres qu'il y a une possibilité totalement différente dans le monde, et qu'ils n'étaient peut-être pas aussi mal foutus qu'ils pensaient l'être. Je ne savais pas à ce moment-là comment ce livre allait rendre ça possible, mais depuis il me l'a certainement montré.

J'ai reçu tant de gratitude de gens disant qu'ils ont finalement pigé ce qu'ils avaient perçu toute leur vie et qui les rendait dingues. Et ils pouvaient finalement être en paix, avoir de la clarté et de l'aisance avec le fait qu'ils avaient conscience du monde des esprits. D'autres m'ont dit que juste en lisant le livre, leur perception des entités a grandement augmenté ; comme si le livre lui-même était une porte au travers de laquelle ils étaient passés pour accéder à leurs capacités.

Talk To The Entities (Parlez aux entités) s'est agrandi énormément durant les quatre dernières années et continue à s'étendre, touchant et changeant les vies de plus en plus de personnes (avec et sans corps). Nous avons maintenant des facilitateurs TTTE partout dans le monde qui présentent aux gens les outils et les processus fantastiquement simples et efficaces de Parlez aux entités et Access Consciousness. Ils montrent aux gens comment dépasser leurs peurs et la confusion concernant les entités, accéder à leur conscience profonde, et toucher un monde de possibilités qui, il y a seulement 50 ans en arrière, aurait été considéré comme impossible, ou comme n'étant qu'un simple conte de fée.

Les facilitateurs TTTE et moi-même travaillons en direction d'un futur où la peur des entités fait partie d'un passé lointain. Où les superstitions, l'hystérie, et l'impotence concernant le monde des esprits sont une exception et non plus la norme. Personnellement, j'aimerais avoir un futur où la conscience des esprits est connue et gérée avec les outils d'Access Consciousness et TTTE dans tout un tas de plates-formes d'éducation pour donner le pouvoir aux gens. Et j'aimerais également que ces outils soient utilisés dans des institutions psychiatriques pour éduquer, plutôt que de recourir à des traitements médicamenteux.

J'aimerais avoir un futur où le monde des esprits sortirait de l'ombre et serait exposé la lumière pour que tous puissent voir et connaître la paix et l'aisance qui pourraient être là. Ne plus avoir peur que la mort soit une fin. Ne plus juger fortement ceux qui entendent les voix du monde des esprits, et ne plus avoir à cacher les clés de la conscience qui pourraient libérer de nombreuses personnes.

Si c'est la première fois que vous lisez ce livre, j'espère que vous l'apprécierez, et peut-être que certaines ampoules s'éclaireront et que vous découvrirez quelques clés pour déverrouiller votre monde. Et si vous lisez ce livre à nouveau, peut-être pourriez-vous utiliser ces clés pour aller plus profondément en direction de ce que vous savez ? Comment ça devient encore mieux et qu'est-il possible de plus avec les outils de la conscience fermement dans vos mains ?

Introduction

Me voilà assise à une table dans la forêt vierge au Costa Rica avec mon amie Tonya et sa sœur récemment décédée. Oui c'est bien ça, sa sœur morte. Mon amie était visiblement prise par l'émotion et en détresse ; sa sœur jumelle lui manquait terriblement. Je pouvais voir la sœur de Tonya assise à table avec nous. Elle était assise sur la chaise directement en face de moi, mais pour Tonya, sa sœur était aussi invisible et indétectable que l'air.

Oh, excusez-moi, et permettez que je me présente : je m'appelle Shannon O'Hara et je vois les personnes décédées. Il y a des gens sur la planète qui entendent, voient, parlent avec et reconnaissent les entités. Je suis l'une de ces personnes. J'ai communiqué avec les entités toute ma vie. Dans ce livre, je vous parlerai de toutes ces fois où cela m'a semblé être une malédiction. A partir de là, je vous montrerai comment j'ai commencé à apprécier cette capacité pour le cadeau que c'est, et je vous parlerai de l'ouverture vers le changement et la conscience que cela m'a apportée.

Donc me voilà avec Tonya et sa sœur décédée, à essayer de consoler mon amie et la rassurer en lui disant que sa sœur n'avait pas disparu pour toujours ; qu'elle était à table avec nous, assise à ses côtés à lui tenir la main. Bien que mon amie désirait désespérément croire à tout cela, cela représentait un saut trop grand à faire pour elle, et j'ai vu que je devrai travailler un petit peu plus dur pour l'aider à réaliser ce qui se passait vraiment.

Comment allais-je pouvoir créer un pont pour elle à partir de notre monde en direction du monde des esprits, là où se trouvait sa sœur ? Est-ce que Tonya franchirait le pont si je le construisais ?

Pourquoi étais-je capable de voir l'esprit de la sœur de Tonya alors que c'était impossible pour Tonya ? Il se peut que cela soit l'un des grands mystères de l'Univers. Pourquoi est-ce que certaines personnes sont de bons nageurs alors que d'autres ne le sont pas ? Je suppose que certains viennent au monde avec le don de la natation. Que ça vous plaise ou non, je suis arrivée dans ce monde avec le don de voir les personnes mortes (et bien d'autres choses étranges – on y reviendra plus tard). Certaines personnes trouvent que c'est étrange, ou effrayant, ou fascinant, et pour moi ce fut tout ça également. J'ai vécu des moments dans ma vie où j'ai été terrifiée par ce que je voyais. A d'autres moments, j'ai été profondément fascinée et honorée. J'ai passé les sept dernières années à connecter les gens avec les membres de leur famille décédés, les éduquer sur ce que sont les entités et comment communiquer avec elles par eux-mêmes.

Parfois c'est facile, parfois cela peut être difficile d'aider les gens à changer leurs points de vue concernant la vie après la mort. Certaines personnes sont prêtes à reconnaître le monde des esprits et d'autres protestent parfois avec véhémence que cela puisse même exister. Pour des raisons évidentes, ce n'est pas le genre de personnes qui viennent me parler !

Tonya cherchait à être en paix avec sa sœur, peu importe à quoi ça pourrait ressembler. Alors que nous continuions notre conversation avec Tonya, il m'est devenu de plus en plus apparent que Tonya était plus intéressée à maintenir ses sentiments de tristesse, chagrin et perte concernant la mort de sa sœur plutôt que de reconnaître et recevoir que l'esprit, l'énergie infinie qu'était sa sœur, était présente avec nous alors que nous parlions. Si Tonya le reconnaissait, cela changerait drastiquement les fondations sur lesquelles reposait sa réalité. Si elle reconnaissait que sa sœur était présente avec nous sans corps, qu'est-ce que cela ferait à son système de croyances ? Qu'est-ce que ça ferait à sa façon de voir le monde ?

Tout ce que je pouvais être, était d'être le médium, le pont entre Tonya et sa sœur, l'intermédiaire entre le possible et « l'impossible ».

La sœur de Tonya était claire et lumineuse. C'était facile de communiquer avec elle ; ce n'est pas vrai pour toutes les entités. Elle avait bien transitionné en pleine conscience, et joignait ses forces aux miennes pour aider sa sœur à trouver la paix face à son départ.

J'ai demandé à Tonya ce qu'elle attendait de la session et elle m'a répondu qu'elle voulait savoir si sa sœur allait bien. J'ai toujours trouvé ce concept légèrement ironique. Ce sont les personnes qui restent de ce côté qui souffrent. La grande majorité de ceux qui sont passés de l'autre côté vont bien.

La sœur de Tonya m'expliquait qu'elle avait été à ses côtés immédiatement après son décès et qu'elle était désolée de faire subir ceci à sa sœur. Elle me disait aussi qu'elle resterait aux côtés de Tonya aussi longtemps que nécessaire pour que sa sœur se sente mieux et qu'elle soit prête à la laisser partir. Je devais me souvenir que je n'étais que la messagère. Je ne pouvais pas forcer Tonya à recevoir la présence aimante de sa sœur. Je ne pouvais pas l'obliger à reconnaître que sa sœur lui tenait la main. Tout ce que je pouvais faire, c'est ouvrir la porte ; je ne pouvais pas la pousser à la passer. C'est souvent la partie la plus frustrante d'être un médium. J'aimerais pouvoir donner aux gens la clarté que j'ai avec les esprits pour qu'ils puissent encore voir et parler avec les êtres chers qui sont passés de l'autre côté. Ce serait le remède à la douleur que les gens ressentent quand leurs proches meurent.

Mais il me faut aussi me souvenir des difficultés que j'ai eues à reconnaître que la présence des esprits était réelle. Oui, j'ai aussi passé des années à tenter de nier ceci et à l'ignorer. J'en parlerai plus en détail plus tard.

Je cherchais un moyen pour connecter Tonya avec sa sœur, pour qu'elle puisse communiquer avec elle quand je n'étais pas dans les parages. Je désire donner aux gens des outils et processus pour qu'ils puissent le faire eux-mêmes. Je crois que tout le monde est capable de faire ce que je peux faire.

Je répétais à Tonya que sa sœur allait bien, en fait elle allait même mieux que Tonya.

J'ai revu Tonya plusieurs mois après cette conversation et elle m'a donné des retours intéressants. Elle m'a dit qu'au moment de la session, elle m'avait détesté pour lui avoir dit que sa sœur était là et qu'elle n'avait simplement pas voulu la voir. Avec le temps, elle a fini par se rendre compte que sa sœur était là, exactement comme je le lui avais spécifié. Elle a commencé à voir tous les signes qui l'entouraient. Tonya a commencé à réaliser que ses émotions et sentiments empêchaient sa sœur de se connecter facilement à elle. D'une certaine façon, les émotions de Tonya l'empêchaient de percevoir ou recevoir quoi que ce soit qui ne correspondait pas ou ne validait pas ses émotions et sentiments. Si Tonya avait permis à sa sœur d'être présente dans sa vie même sans corps, aurait-elle autant été capable de s'accrocher à son deuil et à sa tristesse ?

Tonya a réalisé qu'elle ne pouvait pas s'accrocher à sa tristesse si l'esprit de sa sœur était véritablement à ses côtés. Elle a commencé à réaliser qu'elle pouvait communiquer avec sa sœur, pas comme elle le faisait avant avec des mots et des gestes, mais grâce à l'énergie et la conscience. Tonya a fini par reconnaître comment c'était quand sa sœur communiquait avec elle. Elle a commencé à reconnaître les sensations et les lueurs de cette forme de communication. Et lentement, avec l'aide de sa sœur, Tonya a commencé à voir les choses différemment. Grâce à ça, le sentiment de dévastation qu'elle ressentait s'est transformé en possibilité pour un monde différent et une façon d'être différente. Sans plaisanter, l'impossible est devenu possible – et quelles sont les autres possibilités ?

PREMIÈRE PARTIE

Au commencement...

« Notre plus grande peur n'est pas d'être inadéquats.

Notre plus grande peur est d'être un
pouvoir au-delà de toute mesure.

C'est notre lumière et non notre ombre qui nous fait peur. »

~ Marianne Williamson ~

Les enfants ont les clés

Vous avez sans doute déjà vu ces bébés qui ont l'air de regarder dans le vide et tendent leur bras vers ce qui semble n'être que de l'air ? J'étais l'un de ceux-ci.

Ma mère me disait que quand j'étais un nourrisson, j'étais couché dans mon berceau à rigoler et babiller dans mon langage de bébé tout en essayant d'attraper des choses qu'elle n'arrivait pas à voir. Je regardais si fixement l'espace autour de la tête des gens qu'ils se demandaient s'il n'y avait pas quelque chose à leurs côtés ou derrière eux. Ils tournaient la tête pour regarder, et pour eux, il n'y avait rien. Mais pas pour moi : je voyais les entités et les champs d'énergie qui les entouraient.

Où est cette ligne que nous dépassons en tant qu'enfant ? A quel moment abandonnons-nous la possibilité de voir en faveur de ne pas voir ni savoir ?

Il y a des grilles et lignes dans l'air qui ondulent et frétillent d'énergie, tout pulse d'énergie et de couleur. Ce n'est qu'à l'âge de 10 ou 11 ans que j'ai réalisé que les autres personnes ne voyaient pas ou n'expérimentaient pas ce que je voyais, ou en tous cas ils n'en parlaient pas.

En tant qu'enfant, je ne savais pas ce qu'était la télépathie, mais j'entendais beaucoup les gens penser. C'est étrange d'entendre cinq conversations différentes sortir de la tête de quelqu'un. Une des conversations sort de leur bouche et les quatre autres proviennent d'autre part. C'est assez intéressant de voir combien de points de vue différents une personne peut avoir à chaque instant. C'était comme percevoir toutes leurs vies, passées, présentes et futures, en même temps. Je pouvais les voir debout devant moi dans le présent, et j'ai fini par comprendre que je voyais également qui ils étaient dans d'autres vies ou dimensions. Une personne pouvait être debout devant moi et je la voyais se transformer en tout un tas de choses différentes.

Ils avaient toujours l'apparence de qui ils sont aujourd'hui et maintenant, mais je voyais en surimpression ces éléments sur eux et autour d'eux. Un moment ils étaient là, le moment d'après, je voyais quelqu'un d'autre, et juste après ils étaient de retour. Je ne plaisante pas, je pensais que c'était ce que tout le monde voyait.

Je ne comprenais pas pourquoi, quand j'essayais de parler de ça avec les gens, ils me regardaient comme si j'étais folle ou une lépreuse. J'ai fini par découvrir qu'avec la plupart de gens, parler de ça n'était pas une bonne idée. Donc j'ai arrêté d'en parler, et petit à petit j'ai fini par ne plus le voir et le percevoir,, parce que si les autres pensaient que ce que je voyais était fou, il devait y avoir quelque chose qui ne tournait pas rond chez moi, non ?

Je pouvais voir ce que certaines personnes avaient fait de « mauvais », qu'ils continuent de faire ces mauvaises choses dans cette vie-ci ou non. Je pouvais voir ce qu'ils avaient fait, ou ce qu'ils feraient, qu'ils en aient conscience ou non. Je pouvais aussi voir si quelqu'un était lumineux et gentil, et je pouvais voir autant la lumière que l'ombre, la lourdeur comme la légèreté, et tout ce qui était en jeu en chaque personne.

J'ai fini par réaliser, grâce à mon beau-père, que je voyais les gens dans leurs différentes incarnations. Mon beau-père avait plein d'outils pratiques pour donner du sens à des choses qui n'en avaient pas vraiment.

Je répondais constamment aux questions que les gens posaient dans leur tête. Je battais mon frère à plates coutures quand nous jouions avec notre père à des jeux télépathiques durant les longs trajets en voiture. C'est ça, au lieu de jouer aux devinettes, mon beau-père pensait à une couleur, ou à un endroit ou une forme, et nous devions apprendre à recevoir ces informations par télépathie et à les relayer. Je pensais qu'on apprenait à tous les enfants à découvrir ce qui se passait dans la tête des gens. On ne m'a jamais dit que c'était impossible ou mal. En fait, on m'a encouragé à le développer.

Des moments plus difficiles m'attendaient à l'adolescence alors que j'essayais de m'intégrer et être comme tout le monde, mais en tant qu'enfant, tout était aisance et magie. Je ne pensais même pas que c'était magique – c'était juste le monde fabuleux dans lequel je vivais. Les enfants ont tellement de chance !

Il suffisait à ma maman de penser à quel point elle m'aimait et je lui répondais à voix haute « je t'aime aussi maman ». Cela la faisait rire à chaque fois.

Lire les auras avant de lire des livres

Quand tu es enfant, tu ne penses jamais que tu es bizarre ou que tu sors de l'ordinaire. Ce n'est qu'en grandissant que tu commences à te sentir concerné par comment le reste du monde te voit. Les enfants sont capables de tellement de choses fabuleuses que les adultes ont oubliées ou enterrées depuis longtemps pour ne plus jamais les revoir.

Un jour quand j'avais 6 ans, j'ai découvert un livre intéressant dans la bibliothèque de mes parents. Il avait de jolies images de corps avec des couleurs qui les entouraient. J'étais fascinée. Ma mère m'a lu le titre, vu que je ne savais pas encore lire, et c'était *Le pouvoir bénéfique des mains : Comment se soigner par les champs énergétiques*.. Les auras sont des champs d'énergies subtiles, lumineuses, qui entourent une personne ou une chose. C'est souvent représenté dans l'iconographie religieuse par les auréoles autour des têtes des saints ou des anges. J'ai attrapé le livre avec impatience et j'ai sauté dans le lit de mes parents pour l'étudier. J'ai montré du doigt l'image d'une femme entourée d'une lumière magenta brillante et j'ai dit à ma mère que c'était exactement ce à quoi elle ressemblait. Ma mère m'a lu la légende au bas de l'image qui disait « femme qui vient juste d'apprendre la mort d'un proche ». Le père de ma mère venait de décéder quelques jours auparavant.

J'ai désigné une autre image, celle d'un homme entouré d'une couleur jaunâtre. J'ai dit à ma mère que celle-ci ressemblait à mon frère Adam. La légende de cette image-ci disait « personne qui vient de sniffer de la cocaïne. » À ce moment-là, Adam passait son temps entre deux cures de désintoxication.

C'est à ce moment-là que ma mère et Gary, mon beau-père, ont réalisé que je voyais les auras. Leurs amis me demandaient de quelle couleur était leur aura et de leur faire des dessins. Je trouvais ça infiniment amusant. Souvenez-vous que je n'avais que 6 ans.

Je pouvais dire si ma mère rentrait à la maison en colère, ou si Gary s'inquiétait pour l'argent, grâce aux couleurs qui entouraient leur tête et leurs mains. Quand l'humeur des gens change, la couleur qui les entoure change aussi.

Je ne pouvais pas classifier ou donner du sens aux couleurs que je voyais pour tenter de définir ce que cela signifiait pour cette personne. Je savais comment elle se sentait, en ressentant ce qu'elle ressentait, alors que je voyais les couleurs et énergies changer et bouger autour d'elle quand elle pensait ou ressentait différentes choses.

Parfois, j'avais énormément de peine à m'endormir à cause de l'énorme activité paranormale dont j'avais conscience. Ma maman me demandait de lui décrire son aura alors que nous nous faisions des câlins. Comme c'était plus facile pour moi de percevoir les auras dans une pièce sombre, cela rendait être dans le noir plus supportable. Être avec ma maman de cette façon m'aidait à me relaxer, et je finissais par m'endormir. (J'ai dormi dans le lit ou au pied du lit de mes parents quand ils me le permettaient, et ceci jusqu'à mes 14 ans. Quels chanceux !)

Grandir bizarre

Savais-tu que la définition originale du mot weird (bizarre) est « de l'esprit, du sort ou du destin, qui fait partie du surnaturel » ? Donc quand tu dis que quelque chose est bizarre, tu dis que cela vient « de l'esprit, du sort ou du destin. » N'est-ce pas bizarre ?

Je suis née à Los Angeles, en Californie, un jour de chaleur étouffante, début octobre 1979. Il faisait tellement chaud durant l'été de la grossesse de ma mère que toutes ses articulations avaient doublé de volume. Ah, le miracle de l'accouchement ! Je suis née sans aucun médicament d'aucune sorte, grâce à la détermination de ma mère. Je trouve ça épatant et je me considère plutôt chanceuse.

Ma mère était l'aînée de quatre enfants, élevée dans la tradition des immigrants Irlando-Américains. Son enfance passée dans le nord-est de la Pennsylvanie était imbibée de religion et d'alcool. En tant que bélier, elle avait un tempérament de feu et un esprit très fort. Elle a eu mon grand frère Adam quand elle avait vingt ans, hors mariage et sans soutien. Elle recherchait quelque chose de mieux, et elle a cru aux sirènes qui lui disaient qu'à l'ouest, si tu es déterminé, tu finis par y arriver. Alors au début des années 70, elle est partie avec son premier-né – mon grand frère. Elle a fait le voyage jusqu'en Californie du Sud avec seulement quelques dollars en poche et un bébé dans les bras. Elle a trouvé sa « Mecque », comme elle l'appellera plus tard, dans le climat agréable de Los Angeles et son environnement plus libéral et progressif. Doucement, ma maman a mis le pied dans l'industrie du film et a grimpé les échelons pour devenir agent pour les célébrités glamour et étincelantes de la machine à stars.

C'est à cette période qu'elle a rencontré mon père biologique. Mon père était un juif errant des temps modernes. Il avait été élevé par des immigrants juifs d'origine lituano-polonaise dans les charmants ghettos de Londres, en Angleterre. Détestant grandement Londres en tant que jeune homme, il s'est enfui à 18 ans pour s'enrôler dans l'armée israélienne, échappant ainsi au temps pourri de Londres et à une carrière de jeune ouvrier d'usine. Étant un peu un mystique et quelque peu ermite, l'espace sans fin du désert du Sinaï, après avoir vécu la pauvreté, la surpopulation et la souffrance de Londres, était un changement bienvenu.

Et comme par hasard, après un saut de puce de retour à Londres, il a trouvé un aller-simple pour New York, un billet d'avion à vingt dollars qui était affiché sur un tableau d'annonces dans un pub. En 1977, il est parti pour Los Angeles, après avoir expérimenté la scène artistique et tout le reste à New York. Peu après, il a rencontré ma mère. Je suis née en 1979 et ils ne se sont jamais mariés. C'était juste un couple californien de plus qui vivait sa vie au jour le jour. Ils ont tenté de faire en sorte que leur relation marche, mais malheureusement, ils n'étaient pas faits l'un pour l'autre. Quelques années après ma naissance, ils se sont séparés en bons termes et ils sont encore amis à ce jour.

Beau-père

Quand j'avais quatre ans, ma mère a rencontré Gary, un homme à la fois beau et fringant, qui est devenu mon beau-père. Il m'a éduqué aux côtés de ma mère, et ce faisant, il m'a offert quelque chose de plus précieux que tout l'or du monde : la conscience.

En 1968, Gary a quitté San Diego pour la petite ville côtière de Santa Barbara suite à une opportunité de travail. Santa Barbara est une perle unique d'une beauté sans pareille avec de fabuleuses montagnes qui plongent dans l'océan Pacifique. Tu peux nager dans un torrent de montagne, et vingt minutes plus tard, nager dans l'océan, dans lequel vient s'écouler ce même torrent. Gary était une sorte d'homme de la Renaissance, spécialisé dans à peu près tout ce que tu peux imaginer. Pour ma mère et moi, il était un chevalier étincelant.

A l'âge de 5 ans, ma mère, mon frère Adam et moi avons déménagé notre petite famille de Los Angeles à Santa Barbara pour vivre avec Gary et mon nouveau demi-frère Sky.

Ma mère et Gary faisaient des trucs bizarres. Sky et moi avons vu les dessous d'un éventail de toutes sortes de choses différentes. Pour ceux d'entre vous qui ne savent pas ce qu'est le channeling, c'est lorsqu'une personne quitte son corps et un autre esprit utilise ce corps pour parler. Nos parents étaient vraiment intéressés par les channels. Et c'était plutôt courant pour nous de revenir de l'école le jeudi après-midi et de retrouver entre dix et vingt adultes habillés en blanc, couchés au milieu du salon, avec un mystique quelconque ou un sorcier qui psalmodiait ou bougeait ses mains au-dessus des personnes. Ma maman me recommandait de tirer les tarots quand j'avais un problème à l'école ou avec un garçon. Je ne sais pas si j'étais naïve, mais je croyais que toutes les familles vivaient comme ça.

Ma maman et mon beau-père n'étaient pas des hippies ou de doux dingues. Ils avaient des emplois normaux, et s'assuraient que nous les enfants ayons accès à tout ce qui se faisait de mieux qui nous intéressait, que ce soit du piano, de la danse, du football, etc. Ils avaient juste une autre façon de voir le monde.

Quand je me plaignais de quelqu'un ou quelque chose, ma maman me faisait tout un tas de théories sur le fait que cela devait venir d'un problème dans une vie passée.

Sky et moi n'avons jamais pensé que ces trucs qui intéressaient nos parents n'étaient pas ordinaires, en tous cas pas avant que nous soyons devenus plus grands. Alors que la majorité de nos copains allaient à l'église le dimanche matin, Sky et moi courrions sur la pelouse alors que nos parents étaient assis à l'intérieur à écouter un gars mort parler par l'intermédiaire du corps d'une femme blonde. Plusieurs fois, j'ai supplié ma mère de me laisser aller à l'église avec ma petite copine mormone. J'adorais manger les biscuits qu'ils servaient à la fin de la messe.

Quand nous restions avec nos parents les dimanches matins, on nous permettait de rester dans la salle durant les présentations ou de courir librement dehors. Je me souviens à quel point la pièce était paisible quand mes parents et moi assistions aux présentations, comme si l'air de la pièce était empli de quelque chose de tangible mais d'invisible. C'était comme entendre les arbres de la forêt chanter – pas le chant des feuilles agitées par le vent, mais les fréquences des arbres eux-mêmes. C'était très présent, et pourtant, tout à fait indétectable en même temps. Chaque personne qui assistait à ces réunions brillait d'une douce lueur, en particulier la personne qui dirigeait les discussions : elle rayonnait, littéralement.

Gary et les fantômes

Gary a commencé à faire du channeling quand j'avais 7 ans. Vu qu'il avait fréquenté de nombreux channels et qu'il était plutôt aventurier, il s'est simplement dit « j'aimerais aussi faire ça », et peu après, il a commencé. Il a commencé par être le channel pour trois êtres très différents. Il y avait frère George, un religieux bon vivant et plein de bonne humeur ; un Chinois nommé Dr Lee ; et Raspoutine, le moine fou de Moscou.

Raspoutine est le seul personnage historique célèbre pour lequel Gary a été un channel. Raspoutine a vécu à l'aube du 20ème siècle en Russie et il était considéré comme un guérisseur, un mystique et un prophète. Il est devenu célèbre en étant la seule personne capable de guérir Alexis, le jeune fils du tsar et de la tsarine, qui souffrait d'hémophilie. Avant d'être guéri par Raspoutine, Alexis souffrait énormément et a failli mourir à plusieurs reprises. Ayant une personnalité bien trempée, Raspoutine était traité avec suspicion et il était jugé pour son apparence négligée et ses manières de paysan. Cependant, personne ne pouvait nier ses capacités quand le jeune garçon se relevait de son lit de malade, à chaque fois, comme par magie.

Quand Raspoutine, que nous surnommions affectueusement Raz, entrait dans le corps de Gary, il parlait en russe ou en anglais avec un fort accent russe. Gary ne connaissait pas un mot de russe, à part *roubles* et *Stolichnaya*. Ce genre de phénomènes anormaux rendent le channeling non seulement vraiment amusant et excitant, mais ils sont également la plateforme de lancement pour explorer tout ce que nous ne connaissons pas encore des mystères de l'univers et de ce dont les gens sont capables.

Quand Gary faisait du channeling, son corps changeait pour prendre les caractéristiques physiques de ces différentes entités. Quand frère Georges entrait, le corps de Gary semblait enfler pour avoir l'air de faire quatre fois sa taille normale, et quand il canalisait le Dr Lee, ses yeux se bridaient et il devenait petit et et chenu comme un vieil homme asiatique. Je ne rigole pas, son apparence physique changeait du tout au tout.

Ces sessions du soir m'amusaient énormément quand on me permettait de rester éveillée bien après l'heure du coucher. J'adorais le Dr Lee. Il faisait toujours en sorte que la pièce pétille et il me faisait rire, et j'avais l'impression qu'on me chatouillait tout partout. Frère George était une grande gueule bruyante, et si je dormais quand il arrivait dans la maison, il me réveillait à chaque fois avec ses éclats de rire joyeux. Raz était pour moi une figure paternelle, et chaque fois qu'il était là, je me sentais totalement aimée. J'en ai fait mon saint personnel dans les années qui ont suivi. Chaque fois que je me sentais énervée ou que j'avais peur, je lui demandais énergétiquement de veiller sur moi ou de m'aider. Cela peut paraître étrange qu'une jeune fille demande l'assistance d'un homme russe, mort depuis longtemps, qui avait la réputation d'être un coureur de jupons et un alcoolique, mais je ne le voyais pas comme ça. Ce que je savais de lui était une énergie totalement différente.

Raspoutine était le plus puissant de tous les esprits pour lesquels Gary était un channel, et il est celui qui restait quand tous les autres étaient partis. Durant sa vie, Raspoutine était un guérisseur fabuleux et, en tant qu'esprit, il est venu dans nos vies pour assister nombre d'entre nous à découvrir un sentiment de paix bien plus profond et à s'ouvrir à plus de conscience.

Cache-cache

Mon nouveau demi-frère Sky et moi sommes tous les deux nés en 1979. Enfants, nous étions de la même taille et du même poids et nous nous ressemblions énormément. Nous n'aurions pas pu être plus semblables si nous avions partagé des gènes communs. Nous sommes devenus les meilleurs ennemis du monde. Quand nous n'étions pas occupés à nous taper dessus, nous étions dans le garage ou derrière la maison à créer des plans qui nous rapporteraient des milliers de dollars en recyclant des canettes ou en vendant les roses des rosiers de nos voisins.

Par une magnifique journée ensoleillée, Gary nous a emmenés Sky et moi à Summerland, une bourgade toute proche où il y faisait des affaires. Alors que nous nous dirigions vers le sud le long de la côte, le soleil se reflétait dans l'océan, ainsi que sur les grandes maisons au style ancien, sur les restaurants, et sur les magasins d'antiquités qui étaient nichés dans les collines. Gary s'est arrêté devant une grande maison blanche en bois, qui était un magasin d'antiquités.

Sky et moi ne partagions pas seulement notre année de naissance, mais également une nette préférence à être dehors et courir partout plutôt que d'attendre à l'intérieur que les adultes aient réglé leurs affaires. Et je suis sûre que Gary préférait nous savoir dehors pour qu'il puisse mener ses affaires sans se faire interrompre sans cesse par deux indiens sauvages.

Nous ne voyions pas la beauté des antiquités qui étaient à l'intérieur. Par contre, l'extérieur de la maison était entouré de grands arbres ombrageux, de buissons et d'antiquités diverses qui étaient exposées dans le jardin.

Sky et moi avons commencé à jouer à cache-cache. Aussi amusant que cela ait pu être pour Sky, c'était vraiment un jeu truqué. J'avais des alliés qui étaient tout à fait visibles et réels pour moi, mais invisibles pour Sky qui ne se doutait de rien. Quand c'était au tour de Sky de se cacher, tout ce que j'avais à faire pour le trouver était de regarder à la fenêtre du deuxième étage du magasin d'antiquités, où apparaissait un homme portant un masque africain. Je ne pouvais pas voir le corps de cet homme, mais le masque était là et me parlait. Le lien que j'avais avec l'être portant le masque ressemblait à celui que l'on peut avoir avec un arbre. Vous savez que l'arbre est là, mais vous n'entamez pas une conversation comme vous le feriez avec une personne. Vous savez toujours où est l'arbre, mais la plupart des gens ne se rendent pas compte que l'arbre parle. Moi, par contre, j'entendais la voix de l'arbre, pas sous forme de mots, mais d'énergie. L'être qui se tenait à la fenêtre du deuxième étage ne s'adressait pas directement à moi, mais dirigeait sa voix vers ma conscience. Cela ressemblait à avoir une idée ou un pressentiment.

Il m'a semblé savoir immédiatement que cet homme jouait avec nous, sans que Sky le sache, bien entendu. Mon ami fantomatique m'indiquait toujours la direction dans laquelle Sky était parti se cacher. Je n'avais même pas besoin d'avoir cet homme dans mon champ de vision pour recevoir les informations dont j'avais besoin. Quand je ne voyais plus la fenêtre, tout ce que j'avais à faire c'était demander à l'homme où se cachait Sky, et j'entendais une voix dans ma tête me dire « derrière le buisson », ou « dans la cabane. » Je retrouvais toujours Sky en quelques instants. Par contre lui prenait beaucoup plus de temps pour me retrouver. D'une certaine façon, je suspecte que Sky ne s'est jamais rendu compte de ce qui se passait vraiment en jouant à ce jeu avec moi.

L'avion sans ailes

Cette histoire ne concerne pas les entités, mais c'est une histoire qui parle de voir au-delà de cette réalité. Quand vous ouvrez la porte aux entités, vous ouvrez également la porte à percevoir tout un tas de choses qui sortent de l'ordinaire. Les extraterrestres et leurs vaisseaux spatiaux peuvent être l'une de ces choses. Je crois en tout un tas de formes de vie en dehors du status quo normal.

Je n'étais pas vraiment faite pour l'école. Mes pauvres enseignants ont eu toutes les peines du monde à me faire arrêter de parler, courir partout et flirter avec les garçons en classe.

J'avais et j'ai encore ce qui pourrait être considéré par les médecins comme des troubles sévères de l'attention (TDAH). La Ritaline n'était pas prescrite aussi communément à cette période que maintenant, mais l'école primaire a insisté pour que mes parents m'en fasse prescrire. Mes parents ont refusé ; après tout, ce n'était pas un déficit d'attention, j'avais juste accès à BEAUCOUP d'énergie. Cela m'aurait fait plus de bien de courir dans les montagnes à longueur de journée plutôt que d'être à l'intérieur assise derrière un pupitre.

Mon enseignant de cinquième primaire est même allé jusqu'à me faire asseoir à un pupitre seule dans mon coin parce que je parlais trop et distrayais trop mes camarades. Les autres enfants étaient répartis en îlots de six et j'étais une île à moi toute seule. Mais cette tactique ne marchait quand même pas ;

j'ai juste parlé plus fort pour que ma voix porte jusqu'aux tables d'à côté. Pauvre enseignant !

Un jour, alors que j'étais en classe de troisième primaire, je m'éclatais avec mon sujet favori (mise à part la récré), à savoir une classe de sport. Nous étions sur le terrain à l'extérieur, qui était une grande surface goudronnée devant les bâtiments scolaires. On jouait au kickball*[1] et j'étais à la troisième base, ce que j'adorais parce que je pouvais feindre de participer avec mes amis et être aussi bruyante et active que je le désirais.

Alors que je dansais et me dandinais en troisième base, j'ai levé les yeux et je me suis retrouvée à fixer le plus grand avion que je n'ai jamais vu. Il était facilement aussi grand que le terrain de jeu de bout en bout, soit environ 400 mètres. Ce truc était entièrement argenté, il n'avait ni ailes ni fenêtres et il volait très proche du sol. Il ressemblait à un cigare géant.

J'étais complètement sidérée par ce truc. Alors que je l'observais, il semblait absorber tous les sons autour de moi. Même si j'étais encore capable d'apercevoir mes camarades de classe, je ne pouvais plus les entendre. L'énergie que ce truc émettait était palpable et dense. J'ai aussi remarqué que personne d'autre ne semblait remarquer cet énorme visiteur au-dessus de notre terrain de jeu.

J'ai commencé à le montrer du doigt, à sauter sur place et à hurler pour que les autres regardent également. Mais personne ne semblait m'entendre ou voir mon excitation. Je hurlais tellement fort que je me suis pratiquement provoqué une crise cardiaque, mais personne ne m'entendait. Personne d'autre n'avait conscience de cet énorme cigare volant, et quelques instants plus tard, il a disparu aussi vite qu'il était apparu. En y repensant, je réalise maintenant que j'avais vu un OVNI. Ce

---

1   Le kickball est un croisement entre le baseball et le football. C'est un jeu qui reprend les règles et placements du baseball (deux équipes avec des bases et dont le but est de permettre au joueurs de faire un tour de terrain) mais au lieu d'utiliser une batte et une petite balle, ce jeu se joue avec un ballon genre ballon de foot.

n'était pas la première fois que je voyais un OVNI, et ça ne serait pas la dernière non plus.

Je n'avais aucune idée de ce qu'il faisait là ou pourquoi j'avais été la seule qui semblait l'avoir remarqué. De toute évidence, c'était pour nous observer, mais j'aurais voulu être plus consciente de ce qui s'est passé à ce moment-là, afin de communiquer avec eux d'une façon dont j'aurais pu me rappeler.

Il semble que ce genre de choses arrivent plus souvent aux enfants qu'aux adultes. Je ne suis pas certaine de la raison pour laquelle c'est ainsi, mais au final, il semble que nous voyons ce que nous nous permettons de voir. Et donc, comment déterminer ce que nous nous permettons de voir ?

Des années plus tard, quand j'avais treize ans, je lisais un livre concernant la conscience avancée et l'intelligence extra-terrestre. Pendant des mois, j'ai laissé la double porte de ma chambre ouverte, en espérant qu'ils viennent me chercher pour m'emmener loin de toute la tristesse et la douleur de ce monde. Hélas, ils ne sont jamais venus – du moins je n'en ai pas conscience.

La bonne vieille Angleterre

Quand j'avais huit ans, mon père biologique a pensé que ce serait une bonne idée de m'emmener à Londres pour rencontrer sa mère et ses sœurs. Du moins je pense que c'est ce qui s'est passé. Soit ça ou soit ma mère l'a obligé. Jusque là, je n'avais pas encore rencontré ma famille paternelle.

Il n'était jamais retourné en Angleterre depuis qu'il l'avait quittée au milieu des années 70. Il n'avait que très peu d'affinités avec l'endroit où il était né. Il parlait ouvertement de son désamour de la météo anglaise, et il semblait effaré par la culture d'où il venait. Donc, pas loin de vingt ans après être parti, il revenait avec une petite fille.

Nous nous sommes installés chez ma nouvelle grand-mère à Hendon, au nord de Londres. Elle vivait dans un HLM, des des rangées et des rangées d'immeubles en brique de quatre à cinq étages qui étaient tous identiques. Ce n'est pas exagéré de dire que ces immeubles étaient déprimants, usés, érodés par le climat pour lequel l'Angleterre est si réputée, et habités par tout un tas de gens follement malheureux.

Je passais mes journées à inventer des chorégraphies de danse dans l'étroit couloir de l'appartement de ma grand-mère, à courir à toute allure en haut et en bas des escaliers escarpés pour voir combien je pouvais en sauter à la fois, et à jouer sur le terrain de jeu en ciment qui ressemblait plus à un endroit où chacun abandonnait toute joie et tout espoir pour se laisser mourir. Je m'en foutais ; j'avais huit ans, j'étais sérieusement hyperactive, et j'aurais pu trouver une façon constructive et marrante de jouer avec du fil de fer barbelé.

Dans le quartier de ma grand-mère, il y avait aussi une église normande avec un cimetière qui datait du onzième siècle. Venant de Californie, je n'avais jamais rien vu de si vieux. Cela me gênait. Il était magnifique mais je ne l'aimais pas du tout. Il y avait des forces invisibles qui y circulaient; je pouvais les voir et les ressentir, mais je ne savais pas ce qu'elles voulaient ou comment être en leur présence. Il y avait des entités qui fourmillaient partout, et quand je dis partout c'était vraiment partout. C'était ma première visite dans un lieu si ancien. Il y a plus d'entités dans les pays de l'Ancien Monde que dans le Nouveau Monde, pour des raisons évidentes.

Quand mon père et moi passions à côté du cimetière pour aller faire nos courses, je vérifiais attentivement du coin de l'œil ce qui s'y passait. Je savais que si je passais à côté sans être sur mes gardes, les esprits me provoqueraient et me toucheraient avec leurs doigts subtils. C'est comme savoir qu'il y a quelque chose là, tout en sachant qu'il n'y a rien, mais en sachant assez pour le ressentir. Est-ce que ça fait du sens ?

Le cimetière était rempli de tombes disposées dans tous les sens. A mes yeux, j'avais l'impression qu'un géant s'était amusé à jouer au Mikado avec des pierres tombales et que les stèles étaient tombées au hasard Des lichens gris et doré recouvraient les pierres, et les inscriptions gravées s'étaient tellement usées que certaines étaient devenues illisibles.

Mon père aimait se balader dans le cimetière de temps à autre parce qu'après tout, c'était un endroit très beau.C'était une sorte d'oasis au milieu des bâtiments gris et des rues humides et froides de cette banlieue de Londres. Je ne pouvais pas lui en vouloir d'aimer cet endroit, les arbres étaient vieux, et magnifiques, et très verts. Alors qu'il se promenait dans le cimetière, je restais le dos collé contre un arbre, les yeux écarquillés, à attendre impatiemment le moment de s'en aller. Si je ne collais pas mon dos contre un arbre, j'avais l'impression que des gens se trouvaient derrière moi. Et pourtant, chaque fois que je tournais la tête pour vérifier, il n'y avait personne. Ces gens invisibles me tapotaient l'épaule, ou me murmuraient des choses à l'oreille, créant une source constante de paranoïa indéfinissable.

Cela n'a pas pris long avant que je refuse totalement de m'approcher de l'église et du cimetière. Nous avons même trouvé des itinéraires différents pour aller faire les courses parce que je protestais avec véhémence chaque fois que nous nous approchions du périmètre de l'église.

Mon pauvre père nous aurait évité bien des maux de tête s'il avait su me parler des fantômes. Nous nous serions tous les deux évité des moments bizarres s'il avait su comment me parler et reconnaître la réalité de mes perceptions.

Mais, et ça je l'ai appris bien plus tard, quand mon père était jeune, il était comme moi. En tant qu'enfant, il voyait aussi des êtres sans corps, mais personne ne lui a appris à utiliser son talent, ni comment communiquer avec ou gérer les fantômes. Il s'est endurci et s'est fermé à cause du manque de volonté des personnes qui l'entouraient de reconnaître ce dont il avait conscience. Les gens ne le croyaient pas quand il racontait ce qu'il voyait, et c'est ce qui l'a fait douter de lui. Et quand je suis arrivée dans sa vie, la porte qui lui permettait de percevoir ce genre de choses était fermée et verrouillée, et il avait caché la clé dans un endroit qu'il avait lui-même oublié.

Les esprits me rendent malade

Mon premier voyage à Londres m'a fait découvrir beaucoup de nouvelles choses. J'ai rencontré toute la famille juive de mon père, j'ai mangé de l'émincé de foie (pour la première et dernière fois) et j'ai fêté ma première fête juive. Après le repas de fête, mes cousins et moi étions libres de rôder dans les rues alentours. Je pensais que c'était génial.

Mon père a été élevé dans une famille juive traditionnelle mais il avait laissé tomber sa religion quand il s'était envolé pour l'Amérique. Je ne savais même pas que mon père lisait et parlait hébreu jusqu'à ce premier voyage à Londres.

Dieu bénisse mon père, car en plus de me permettre de rencontrer ma famille anglaise, il m'a également emmené visiter quelques sites historiques de Londres. Nous sommes allés en premier visiter la Tour de Londres. Je ne savais pas ce qui m'attendait quand nous avons quitté l'appartement de ma grand-mère et que nous nous sommes aventurés en ville, mais honnêtement, mes souvenirs de la Tour ne sont pas tellement bons. En tant qu'enfant, je n'avais aucune curiosité ou intérêt pour l'histoire. Aller là-bas était juste l'occasion de passer une nouvelle journée avec mon père. Je suis juste restée collée à lui au milieu de la foule trépidante.

Pour ceux d'entre vous qui ne le savent pas, la Tour de Londres était une prison où eurent lieu d'horribles tortures, ainsi que les exécutions de plusieurs membres de la famille royale. Être envoyé à la Tour signifiait que tu étais une personne de grande envergure, mais cela voulait aussi dire que tu étais foutu.

Cette visite n'aurait pas été mon choix de prédilection pour un bel après-midi ensoleillé à Londres, mais nous y voilà !

A l'extérieur, dans la cour et les allées, il y avait tellement de touristes qu'il était difficile de remarquer quoi que ce soit qui sorte de l'ordinaire, mais en entrant dans la Tour, les murs racontaient d'autres histoires.

Mon père m'a récemment raconté que quand il était enfant, l'un de ses amis d'époque était le fils du gardien des corbeaux dans la Tour. Le corbeau est le symbole de la monarchie anglaise. Si un corbeau mourrait ou s'en allait, cela signifiait que la monarchie était menacée. Donc vous pouvez imaginer à quel point ce travail de maintenir ces oiseaux en vie était de la plus grande importance. Mon père allait rendre visite à son ami qui vivait dans la Tour. C'était avant que la Tour ne soit transformée en attraction touristique. Mon père entrait par les portes de la forteresse et il traversait les lieux, sans être accompagné, jusqu'où son ami et le père de son ami vivaient. Il devait traverser le pont à partir duquel des prisonniers enfermés dans des cages ont été noyés dans les années 1800. Mon père m'expliquait qu'il courait comme un dératé pour traverser ce pont, tellement il avait peur.

En tant qu'enfant, il avait vu de nombreux esprits dans cette Tour, mais il a négligé l'importance de se souvenir de cette information, quand elle aurait pu lui être utile pour gérer ma première visite (dans cette vie-ci) à la Tour.

Nous sommes entrés et sortis de plusieurs grandes tours de pierre avant que nous en ayons atteint une qui fut la plus dur pour moi. Nous sommes arrivés dans un long couloir sombre où se trouvait une rangée d'armures. Avant même d'emprunter ce couloir, je sentais déjà les esprits qui s'y trouvaient. Alors que nous nous approchions du couloir, j'ai commencé à être de plus en plus nerveuse et nauséeuse. Si j'avais été capable de le demander, j'aurais demandé que nous partions sur le champ, mais je n'y arrivais pas. Ma bouche était figée dans son silence, et on me tirait énergétiquement. Mes yeux étaient écarquillés à observer le couloir et j'étais attirée dans un endroit où il n'y avait aucune sensation d'espoir de survie. En y repensant, je réalise maintenant que j'avais conscience des pensées et sentiments des esprits qui avaient été condamnés à mourir là. Bien que leurs corps aient disparu depuis longtemps, leurs esprits résidaient dans ces couloirs et ces pièces. Cet endroit était plein de fantômes, apparaissant soit dans un état d'affliction intense ou dans la peur inébranlable de la mort qu'ils avaient vécue il y a de ça des centaines d'années.

Si c'est choquant ou difficile pour vous d'envisager ceci, imaginez ce que c'était pour une petite fille de huit ans comme moi, qui tremblait comme une feuille.

Quand nous sommes entrés dans le couloir, je me souviens avoir pensé « c'est une très mauvaise idée. »

Avant même d'avoir pu avertir mon père que je risquais de me faire pipi dessus, c'était trop tard. Je ne contrôlais plus mon corps. Tout ce que je pouvais faire c'était rester debout. J'ai commencé à vomir quand mon père m'a tiré plus loin le long du couloir. Il essayait de trouver un endroit où il pourrait me nettoyer, mais plus on avançait, plus grande était la pagaille. Avant que nous n'ayons rejoint la sortie de l'autre côté de la Tour, j'avais réparti le contenu de mon estomac sur le sol en pierres, et artistiquement aux pieds de quelques armures chanceuses.

Choqué et légèrement mortifié, mon père m'a emporté hors du bâtiment aussi rapidement que possible. J'agonisais et je geignais « je ne veux pas être là. »

Alors que mon père me portait à travers l'esplanade en direction des portes de sortie, je me souviens avoir aperçu les corbeaux qui picoraient le gazon en regardant par-dessus l'épaule de mon père. Voyant ceci au travers de mon délire, je me demandais comment on pouvait vivre dans un endroit avec autant de tristesse. Cet endroit en était rempli, et j'avais l'impression qu'elle m'écrasait. Comment est-ce que les gens pouvaient sembler passer du bon temps dans cet endroit ? Ne pouvaient-ils pas voir les meurtres et le chagrin ? Pourquoi est-ce que personne n'y changeait rien ?

Ce genre de réaction viscérale était un peu trop commune en ce qui me concerne. En grandissant, je suis devenue capable d'atténuer les symptômes de maladie, mais alors cela se manifestait comme un conflit psychologique ou des comportements inadaptés. La violence pure et la nature horrible des morts de la Tour de Londres m'ont rendu malade. Je n'étais pas malade : je percevais le niveau de maladie et de folie qui avaient été perpétrés dans cet endroit.

Pour quelque obscure raison, pas refroidi par notre visite de la Tour, mon père m'a emmené visiter l'abbaye de Westminster quelques jours plus tard. Il y a plus de 3'000 personnes enterrées là-bas. Parmi ceux-ci, la majorité des rois et reines qui ont régnés sur l'Angleterre depuis le onzième siècle, ainsi que de nombreux politiciens et poètes renommés, et les esprits les plus honorés et respectés de leur époque.

C'est difficile de décrire l'énormité de l'abbaye de Westminster. Pour le dire simplement, c'est énorme ! C'est tellement grand que les gens qui se baladent dans ce lieu ont l'air de fourmis ; c'est tellement gigantesque que les fameux bus rouges de Londres à deux étages semblent être des miniatures sorties d'une boite d'allumettes.

Alors que nous grimpions les marches qui menaient à l'Abbaye, j'ai ressenti une sensation énorme d'appréhension et de nausée. « Beurk » j'ai pensé, « pas encore ça. » Un cimetière extérieur avec 3'000 corps enterrés serait déjà intense très certainement, mais avoir toutes ces tombes contenues dans une grande structure solide semblait rendre la dissipation des énergies plus difficile – sans compter toute la signification attribuée aux personnes qui occupaient ces cryptes. Si vous pesiez toutes les pierres dont l'Abbaye était faite et que vous ajoutiez un milliard de kilos à ça, voilà à quoi ça ressemblait pour moi.

La sensation d'angoisse et de nausée s'est intensifiée quand nous nous sommes approchés de la tombe de Mary, reine d'Écosse. Je suis devenue blanche et verte simultanément et j'ai tiré la manche de mon père pour lui faire savoir que je ne me sentais pas bien. Une minute plus tard, je vomissais sur le sol de la cathédrale. Nous y voilà à nouveau ! Je ne pouvais pas faire un pas de plus.

Je spécule qu'à Westminster, ma réaction était due à la façon horrible et violente dont un grand nombre de personnes enterrées là-bas sont mortes. Après tout, la reine Mary d'Écosse est morte exécutée ; pouvez-vous imaginer ce qu'elle a ressenti ? Eh bien, moi je peux, et c'est assez pour vous donner envie de vomir.

J'ai quitté l'Angleterre sans trop d'accrocs et seulement plus légère d'un ou deux kilos.

Le coffre hanté

Le temps a poursuivi sa course et j'ai continué à vivre ma vie, à grandir comme tous les enfants le font. Un jour, Gary a ramené à la maison une vieille malle en bois et l'a mise dans le salon. Gary revendait des antiquités à cette époque et il ramenait à la maison les pièces qu'il n'arrivait pas à vendre au magasin, soit pour les réparer ou pour faire de la place pour d'autres choses. C'est à cette période que mes parents ont vraiment commencé à réaliser ce qui se passait entre moi et les fantômes.

Ce n'était pas inhabituel qu'il ramène à la maison des objets particuliers. En tant qu'antiquaire, ses goûts étaient follement éclectiques et ils ont été une source d'amusement et de moquerie de la part de mon frère et moi dans les années qui ont suivi. Nous nous référions à la maison comme étant « le Musée de Papa. » Gary riait en coin en nous rappelant que ces objets bizarres et chamarrés étaient notre héritage et que c'était tout ce que nous aurions.

Jusqu'à cette époque, je ne parlais pas de ce que je voyais parce que cela ne signifiait rien pour moi. Je ne pensais pas que c'était quelque chose qui méritait d'être mentionné, genre personne ne se promène en disant à toutes les personnes qu'elle croise que le ciel est bleu. Il est juste bleu et tout le monde le sait, et c'était ce que je pensais par rapport aux entités ; elles sont là et tout le monde le sait.

Mais c'est à cette période que j'ai commencé à en parler parce que ça devenait de plus en plus difficile pour moi de superposer le monde des esprits et le « vrai » monde.

Les fantômes étaient là et au lieu que je sois juste « tra-la-la-la » en leur présence, je commençais à vouloir les faire disparaître. Sans vraiment le réaliser, je commençais à intégrer les préjugés et le dégoût des gens concernant les entités. Et ce faisant, elles ont commencé à devenir effrayantes.

À l'instant même où j'ai vu le coffre, je l'ai détesté. Je n'en avais pas peur, je ne voulais simplement pas être dans la même pièce que cette chose. Je me sentais hésitante en sa présence. Dès que je m'approchais, je le regardais de côté, comme un chat ralentit pour vérifier quelque chose qui pourrait être dangereux.

Ma chambre se trouvait d'un côté du salon, et la chambre de mes parents ainsi que la cuisine se trouvaient de l'autre côté. Donc chaque fois que je voulais aller d'un côté ou l'autre de la maison, je devais passer devant la malle. Passer devant calmement n'était pas une option ; je passais chaque fois devant au pas de course.

Je n'avais pas réalisé pourquoi le coffre m'embêtait autant jusqu'à ce que Gary me demande pourquoi je me plaignais tellement de la chose. J'ai fini par déballer « il y a une femme dingue qui est assise dessus ! »

Je ne me l'étais même pas totalement avoué à moi-même jusqu'à ce que je le dise à voix haute.

La femme assise sur la malle n'était pas vraiment folle, mais elle était en pleurs et hystérique. Elle passait son temps à demander où se trouvait sa robe de mariée.

Quand Gary m'a demandé posément qui elle était, je n'ai pas su répondre à la question.

Il a suggéré que je demande à cette femme qui elle était. Ce que j'ai fait. Sa réponse m'est parvenue comme si j'avais un récepteur radio dans ma tête. Elle s'appelait Jenny.

Avec cette information, Gary a pris le téléphone et a appelé la personne à qui il avait acheté la malle pour voir quelles informations il pouvait en tirer.

La femme lui a dit que la malle appartenait à sa tante qui s'appelait Jessie. Jessie y gardait sa robe de mariée. C'était étonnant ! Ce n'était pas *exactement* le nom que j'avais entendu, mais tellement proche.

Gary lui a demandé si elle avait encore la robe de mariée, ou où elle se trouvait, en oubliant de dire à la personne à l'autre bout du fil comment et pourquoi il savait qu'il y avait eu une robe de mariée dans la malle. Elle n'a pas remarqué qu'il avait cette information qu'elle ne lui avait pas donnée concernant le coffre. Elle a dit qu'elle pensait que la fille de Jessie avait la robe.

Après avoir raccroché, Gary m'a dit de dire à Jessie que sa fille avait la robe, et j'étais d'accord. Mais avant même d'avoir pu formuler cette pensée pour la transmettre à Jessie, elle était partie. Avant même que je n'aie pu formuler l'information de vive voix, ou en pensée, elle avait déjà reçu la communication. C'était la première fois que je réalisais à quelle vitesse la communication avec les entités pouvait se passer. Au lieu de devoir avoir une conversation sur le sujet, Jessie avait reçu l'image complète aussi rapidement que j'avais pu la former. Elle avait entendu mes pensées avant même que je ne me sois rendu compte que j'avais des pensées. Penser est un processus tellement lent ; savoir et recevoir sont plus rapides que l'éclair.

Avec l'aide de Gary, j'avais libéré ma première entité, simplement en écoutant et en offrant une réponse simple à sa question.

Je ne sais pas pourquoi Jessie ignorait où se trouvait sa robe de mariée, et pourquoi Gary et moi avons dû faire le travail de recherche pour la trouver. On aurait tendance à penser que les entités sont omniscientes, ou capables d'accéder à plus d'informations que nous de ce côté du voile, mais ce n'est simplement pas le cas – et c'était ma première expérience de cette réalité. Ce n'est pas parce que quelqu'un n'a plus de corps qu'il est plus capable ou qu'il voit plus de choses que nous qui sommes de ce côté. Tout comme les gens, les entités peuvent être perdues et confuses.

Merci mon dieu pour Gary et cette opportunité, parce qu'autrement j'aurais facilement pu devenir une de ces enfants fous qui devient hystérique à la vue d'un meuble. La chance a fait que Jessie a croisé mon chemin et que nous nous sommes mutuellement aidées. Je l'ai aidée à réaliser qu'elle n'était pas obligée de rester assise pour toute l'éternité sur une malle en se demandant où se trouvait sa robe de mariée, et elle m'a aidée à clarifier que je voyais et entendais bel et bien des entités, même si cela m'a pris encore bien des années pour admettre totalement ceci.

Peu après ce déblayage (le départ de Jessie), Gary a pu vendre la malle pour un bon prix, alors que cela avait été impossible durant les 18 mois depuis qu'il l'avait achetée. Qui voudrait acheter quoi que ce soit, peu importe à quel point l'article est beau, s'il y a une entité folle assise dessus ? Les gens ne voyaient pas Jessie, mais ils pouvaient sentir quelque chose autour de cette malle qui les repoussait, même s'ils ne savaient pas précisément ce que c'était.

Drogues et alcool

Mon grand frère Adam avait onze ans à ma naissance. Une année plus tard, à douze ans, il consommait déjà des drogues dures. En gros, Adam est parti à l'âge de douze ans pour s'éduquer lui-même dans les rues de Los Angeles.

Je n'ai pas grandi avec la présence d'Adam à la maison. La relation que j'avais avec lui consistait à nous voir de temps en temps. Il ressemblait plus à un cousin éloigné qu'à un frère. Quand il était dans le coin, cela ne durait pas et c'était à la fois doux et amer. Je l'aimais désespérément, mais il n'arrivait pas à trouver la paix, peu importe ce que les autres essayaient de faire pour lui. Pendant toute son adolescence, Adam a passé son temps entre deux cures de désintoxication, en séjour en maison de correction pour jeunes et finalement, en prison.

Pourquoi est-ce qu'Adam choisissait ceci ? A part son choix, je pense qu'il était tourmenté par des esprits et des démons qui ne lui lâchaient jamais les baskets et perpétuaient son envie de drogues. Plus il utilisait de drogues, plus il attirait des esprits.

De nombreuses personnes très conscientes utilisent les drogues et l'alcool pour bloquer ce qu'ils perçoivent, comme si les drogues pouvaient arrêter les voix dans leur tête ou les informations télépathiques qu'ils reçoivent des gens. Ils essaient de trouver des moyens de ne pas avoir les perceptions qu'ils ont.

Durant mon adolescence, j'ai aussi utilisé des drogues, beaucoup par curiosité et également pour bloquer mes perceptions des entités. Bien sûr, ça n'a pas marché ; cela a juste empiré les choses. On ne peut pas éteindre ou tuer un talent ou une capacité, ou faire en sorte qu'il disparaisse. On peut seulement se rendre inconscient en la matière. Fermer la porte ou tenter de le supprimer crée seulement l'illusion que ce n'est pas là. Il semble que ça marche pour un temps, mais ça finit toujours par remonter à la surface en se manifestant de tout un tas de façons bizarres. Pour moi, cacher mes talents m'a conduit à vivre beaucoup d'émotions lourdes et intenses, ainsi que beaucoup de colère.

Quand Adam rentrait à la maison après être parti pendant ce qui semblait être des années, je partageais ma chambre avec lui. Les nuits où nous dormions dans la même pièce étaient remplies de cauchemars plein de démons et de terreur. Je me réveillais en sueur pour voir mon frère décharné profondément endormi à mes côtés. A ce moment-là, quand nous étions tous les deux plus jeunes, il avait un énorme tatouage dans le dos d'un homme démoniaque avec des ailes de dragon et la tête d'un esprit maléfique, comme les créatures sur la couverture des albums d'Iron Maiden. Depuis, il l'a recouvert d'un motif japonais plus plaisant esthétiquement. Mais à l'époque, l'esprit dessiné dans son dos me regardait et son pouvoir me tétanisait. Je ne peux qu'imaginer ce qu'Adam devait ressentir avec tous ces esprits dans sa vie (en fait je sais ce qu'il ressentait – l'enfer). Adam n'a jamais demandé de l'aide, et nous avons tous regardé mon cher frère disparaître. Il a été remplacé par cet être en colère, violent et tourmenté qui l'a emmené dans des abysses que je ne connaîtrai jamais et que je n'ai aucun désir d'imaginer.

Adam a été ma première expérience à gérer et faire face à des entités sombres et violentes. Cela ne diminue en rien mon amour pour lui, et je ne le jugeais pas pour autant. L'expérience que j'ai vécue avec mon frère m'a permis de voir ce que les drogues et l'alcool peuvent faire à une personne et ce qu'ils invitent. À un moment, Adam était là, et la seconde suivante, je voyais un autre être qui me regardait à travers ses yeux.

Moi je savais à ce moment-là faire la différence entre lui et les autres esprits, mais je ne suis pas sûre qu'il en était capable. Je suspecte qu'il a quitté la famille pour ne pas nous exposer à ses démons. Il les a laissé diriger sa vie et je suspecte qu'il aimait ça, sinon il n'aurait pas choisi cette situation.

Un démon est une entité généralement décrite comme un esprit malveillant ; malgré cela, le mot démon vient de la forme latinisée du mot grec *deamon*. A l'époque, un démon pouvait être un esprit bon ou mauvais, ou indéterminé, ou tout simplement un esprit. La connotation négative des démons n'est apparue que plus tard, avec la propagation du christianisme. Dans la mythologie grecque, les démons se trouvaient entre les hommes et les dieux. C'était souvent les esprits des héros morts. Comme pour beaucoup de choses, la signification et la définition originale du mot s'est perdue et a changé avec le temps.

Je pense qu'en vérité les démons sont ce que les gens utilisent pour justifier leurs choix et leur inconscience. Il est bien entendu que les esprits peuvent influencer les gens, et les gens influencer les esprits. Mais les choix que font les gens, et leurs actions, sont malgré tout leur choix. Dire qu'ils sont possédés par des démons ou qu'ils ont des démons, c'est ignorer totalement la responsabilité propre de la personne.

Cependant, utiliser des drogues ou de l'alcool peut et va attirer vers la personne le genre d'entités qui aiment être dans l'énergie des drogues et de l'alcool. Cela peut être l'esprit de quelqu'un mort d'une overdose ou qui était alcoolique. Ils n'ont plus de corps, mais leur intérêt et envie d'utiliser des drogues et de l'alcool n'a pas diminué. Et ils trouveront un corps qu'ils peuvent utiliser pour avoir leur dose de drogue ou d'alcool.

Je raconte cette histoire pour illustrer ce que la drogue et l'alcool peuvent faire à une personne et à sa vie. Consommer des drogues ou de l'alcool vous ouvre aux entités inconscientes et anti-conscientes. Et quand je parle « d'utiliser des drogues », je parle autant des drogues récréatives que pharmaceutiques. Quand je parle d'alcool, je veux dire consommer suffisamment d'alcool pour se rendre inconscient et non présent.

Chaque fois que vous choisissez d'avoir recours aux drogues et à l'alcool, vous fermez les avenues par lesquelles l'univers pourrait vous guider et vous offrir ses largesses. Et cela implique aussi un nombre important d'entités inconscientes et anti-conscientes qui n'ont pas vos intérêts à cœur.

Voilà pourquoi certaines personnes font froid dans le dos ou donnent l'impression d'être entourées d'une ombre. La personne n'est pas glauque ; ce sont les entités qui l'entourent qui créent cette sensation.

Si vous connaissez quelqu'un qui boit de façon excessive, ou un usager intensif de drogues qui ne peut s'arrêter, peu importe à quel point il essaie, il y a de grandes chances que ces personnes aient des entités attachées à leur corps qui veulent continuer à boire ou à prendre des drogues. Ce n'est pas que la personne veut boire – c'est l'entité. L'entité envoie constamment le message au corps de la personne de prendre un verre ou la prochaine dose. En déblayant l'entité, la personne aura bien plus de facilité à arrêter les drogues et l'alcool.

Une personne qui s'est adonnée aux drogues ou à l'alcool pendant longtemps peut littéralement avoir des milliers d'entités attachées à sa personne. Ces entités peuvent être déblayées, mais la personne peut facilement les rappeler ou en attirer de nouvelles si elle continue à faire des choix inconscients.

Certaines personnes aiment leurs entités inconscientes ; ces entités leurs semblent familières et confortables. Si vous enlevez les entités que ce soit par déblayage ou tout autre moyen, il est possible que la personne se sente inconfortable ou solitaire. Un choix est un choix. Vous pensez peut-être que la personne irait mieux sans les drogues, l'alcool et les esprits, mais il se peut que cette personne ne soit simplement pas d'accord avec cette idée.

Rites de passage

A quoi ressemblerait le monde si nous étions tous encouragés à être aussi grands que nous aimerions être, et qu'on ne nous dirait pas que nous sommes bons ou mauvais, mais plutôt des êtres magnifiques au-delà de nos rêves les plus fous ?

Je me suis souvent penchée sur le monde de l'adolescence. Les adolescents ont encore les clés de l'enfance et incarnent la force de l'âge adulte à venir. Ils sont emplis de l'énergie de la jeunesse et ils commencent à piger les règles de ce monde. Certains adolescents passent au travers de cette période avec aisance et apprécient de devenir adultes alors que d'autres luttent.

Je crois que les adolescents sont les personnes ayant le plus de pouvoir sur cette planète. Un adolescent en pleine possession de ses pouvoirs est une force à reconnaître. Ils n'ont pas encore totalement succombé aux limitations de cette réalité. Un adolescent dépossédé de ses pouvoirs est aussi une force qu'il faut considérer, d'autant plus que cela peut être une force destructive pas très plaisante.

Si vous demandiez aux gens de remplir un questionnaire concernant comment ils se rappellent de leurs années d'adolescence, vous recevriez des réponses très variées. Pour moi, l'adolescence a ressemblé à quelque chose proche de l'enfer. Si j'avais pu sauter à pieds joints par-dessus de cette partie de ma vie, je l'aurais fait.

Le lycée a été une torture, et ennuyeux à mort. Ils ne m'apprenaient juste pas les choses qui m'intéressaient ou qui étaient importantes pour moi.

Une anomalie étrange m'a frappée alors que j'entrais dans l'adolescence. Vers treize, quatorze ans, j'ai commencé à avoir de plus en plus de difficultés dans ma vie, comme c'est le cas pour beaucoup d'adolescents. Il y avait en moi des sentiments forts et étranges que je ne comprenais pas ni ne questionnais. Je suis petit à petit devenue plus amère et triste. Je ne comprenais pas à quel point ma famille était différente, et à quel point j'étais différente. J'ai passé les dix années suivantes à tenter de m'intégrer avec tous les autres sans réaliser que c'était ce que j'essayais de faire.

Même si Gary avait des rencontres hebdomadaires de channeling où les gens s'asseyaient dans une pièce sombre pendant que Raspoutine parlait au travers de lui, je ne me baladais pas en admettant que je voyais et entendais les entités. En ce qui me concernait, c'était le truc de mes parents. Je n'avais pas vraiment d'opinion sur ce que faisaient mes parents, et ce qui les intéressait, mais très rapidement l'opinion que mes amis pouvaient avoir de moi a pris une énorme importance. Je voulais juste être cool et appréciée.

Je ne faisais pas de publicité ni ne parlais avec mes amis de ce que Gary faisait ; c'était juste quelque chose dont je ne voulais pas parler. Je n'y ai jamais été opposée. Je ne voulais juste pas avoir à faire face aux jugements et à l'inquiétude des autres gens concernant ce que faisaient mes parents. Et de toute façon, qui n'est pas mortellement embarrassé par ses parents à l'adolescence ?

J'ai fait de mon mieux pour me couper de toutes mes perceptions surnaturelles, et à l'âge de quinze ans, je pensais vivre dans le même monde que tous les autres. Le seul problème était que j'étais de plus en plus en colère et déprimée. Mes parents ont fait de leur mieux pour m'assister de toutes les façons possibles que je leur permettais. Mais vu à quel point j'étais têtue, je ne voulais pas les écouter ou recevoir la moindre aide.

En regardant cette époque de ma vie avec plus de conscience, je peux voir que la colère et la dépression étaient le résultat de tout ce que je faisais pour résister et nier le fait que j'entendais les voix des morts. Me battre contre mes perceptions les a distordues pour en faire des sentiments intenses. C'était plus facile de dire que j'étais énervée que de dire que je parlais aux morts. Je me mentais concernant qui j'étais et ce qui était réel pour moi. Je ne pouvais pas intégrer mes perceptions dans le monde dans lequel je pensais vivre. Je ne voulais pas être ce genre d'étrange personnage.

Durant mon adolescence, j'ai compris que le monde dans son ensemble n'acceptait pas ouvertement les gens qui parlaient avec les fantômes. Si je parlais à quelqu'un du fait que je voyais et entendais les esprits, on pouvait me juger sévèrement et si j'avais vécu à une autre époque ou dans un autre pays, on aurait même pu me faire du mal ou me chasser comme une sorcière.

Au lycée, vous suivez des cours d'algèbre et pas de compréhension des énergies subtiles ou ABC de la communication avec les entités. Ce dernier m'aurait été bien plus utile. Qui a besoin de connaître le théorème de Pythagore quand les situations non résolues des morts vous occupent l'esprit à longueur de journée ? J'aurais préféré aller à Poudlard.

La seule classe que j'aimais était la classe d'arts plastiques. Durant mon adolescence, j'étais tellement constamment de mauvaise humeur, et je pensais que je détestais tout le monde à un tel point que me faire des amis n'entrait pas dans mes priorités. Étrangement, mes deux meilleurs amis durant cette période étaient des Chrétiens purs et durs ; quelle ironie. Ils étaient très liés à leurs familles et à l'église, mais pour une raison quelconque, cela n'a jamais interféré dans notre drôle de bande. Nous nous foutions de savoir à quoi ressemblait la vie des autres dans leurs familles respectives, mais être en leur présence était facile pour moi. Nous étions des accros à l'art et nous passions du bon temps ensemble, autant que c'était possible pour trois ados bizarres, en colère et introvertis. Je n'ai pratiquement jamais vu leurs parents, ce qui est bizarre car nous passions la majorité de nos journées à traîner ensemble.

Nous n'avons assisté à aucun bal ni aucune fête scolaire, et je n'ai même pas participé à ma remise de diplôme. Être en présence de la plupart des gens, surtout de grands groupes, m'était insupportable. Je me jugeais énormément pour ça. Dire que j'étais antisociale était un euphémisme. Je me retirais au plus profond de mon esprit et je retenais ma respiration, en espérant et en attendant que la vie se passe et d'en avoir fini.

Mon demi-frère Sky et moi avions commencé nos classes ensemble depuis la deuxième primaire, mais arrivé en onzième, il venait à l'école de moins en moins souvent. Finalement, il a juste arrêté de venir. J'aurais aimé suivre son exemple, mais ce n'était pas aussi facile pour moi de m'esquiver que cela a été pour Sky. Sky habitait chez sa mère qui le laissait pratiquement faire tout ce qu'il voulait. A cette époque, je vivais dans la maison de ma mère avec Gary, et elle ne voulait pas entendre parler de me laisser quitter l'école. Donc je suis restée à l'école par peur de la fureur de ma mère.

Pour en finir avec l'école, je m'évadais dans un no-man's land dans ma tête. Je suis devenue de moins en moins présente pour éviter (excusez la dramaturgie) l'agonie d'avoir à faire au quotidien des choses qui n'avaient rien à voir avec moi et mon être ; je me robotisais pour avoir les mêmes réponses que tous les autres.

Mon comportement habituel comprenait des périodes de tristesse intense et paralysante, puis une joie folle et maniaque, ponctuées d'explosions d'agressivité et de colère. Si j'avais consulté un psychiatre, il m'aurait certainement diagnostiqué bipolaire, ce qui n'expliquait en rien ce qui se passait à cette période, tel que je le comprends maintenant.

J'avais ce que j'appelle avec humour un syndrome de la Tourette télépathique. Si quelqu'un à côté de moi réprimait certains sentiments de colère ou de tristesse, je leur faisais la faveur de les exprimer pour eux ! N'était-ce pas gentil de ma part ? Au final, j'apparaissais aux yeux de tous comme étant complètement à la ramasse. Et pendant tout ce temps-là, je pensais qu'il y avait quelque chose qui ne tournait pas rond chez moi car j'étais incapable de contrôler « mes » sentiments. Alors j'ai fait ce que n'importe quel autre adolescent hypersensible qui entend les voix des morts ferait : je me suis tournée vers les drogues. Les drogues permettaient temporairement de stopper les voix, et allégeaient toute cette lourdeur. Elles me montraient un monde où la magie était peut être possible.

Je ne suggère ni ne défends le fait que les drogues soient une solution ou une réponse à quoi que ce soit. La conscience est le véritable trip. Les drogues créent cette fausse euphorie artificielle qui lorsqu'elle disparaît vous laisse encore plus perdu et confus qu'au départ. Elles peuvent aussi faire que ça soit plus facile pour la personne d'attirer plus d'entités, comme je l'ai mentionné auparavant. Bien qu'elles semblent fun, l'euphorie passagère qu'elles offrent ne fait pas le poids face aux dommages qu'elles peuvent occasionner chez quelqu'un.

J'ai passé mon bac dans le brouillard, et à la fin de cet été-là, j'ai déménagé à New York pour entrer dans une école d'art à Brooklyn. Imaginez une petite ado de dix-sept ans avec ses capacités de télépathie lâchée dans les rues de New York. Je ne pense pas avoir passé un seul moment de mon temps à New York sans être défoncée par une substance ou une autre ; que j'aie toujours pu retrouver le chemin de la maison tenait du miracle. Il semble que j'étais incapable de porter le poids de ce dont je faisais l'expérience dans le monde. Je préférais vraiment me retirer dans mon imagination provoquée par la drogue où tout était, pour ainsi dire, mieux.

Ironiquement, c'est à cette époque que j'ai commencé à m'ouvrir à la possibilité de travailler de plus en plus avec Gary.

Access

Un jour en 1991, quand j'avais environ onze ans, Gary a reçu un appel d'un client qui vivait à New York. Ce gars a demandé à Gary s'il pouvait venir sur la côte Est pour faire un massage par channeling. Gary lui a demandé « Combien est-ce que je serai payé et est-ce que je devrai te toucher ? » Je ne sais pas exactement le montant de l'offre, mais le client a assuré à Gary qu'il ne ferait pas le massage ; il ferait du channeling pour expliquer aux masseurs ce qu'ils devraient faire. Gary a accepté et a pris un vol pour New York. C'est durant cette session que les premiers outils d'Access Consciousness sont arrivés par channeling. Access a fini par devenir le travail d'une vie pour Gary et m'a offert l'espace d'être qui je suis aujourd'hui.

En 1992, par une chaude soirée d'été dans le studio du garage derrière la maison à Santa Barbara, Gary a canalisé les premières classes d'Access. Quatre personnes ont participé à cette classe initiale. Le matériel issu des ces classes est devenu ce que nous connaissons comme les outils fondamentaux d'Access.

Après avoir fait le channeling, Gary écoutait les enregistrements des classes et apprenait les processus et informations par lui-même. Il m'expliquait qu'il devait réécouter les enregistrements, parce que quand il canalisait, c'était comme être debout dans un long couloir, loin de son corps. Au début, il ne se souvenait même pas de ce qui était ressorti du channeling. Cela a changé avec le temps, mais au début, il n'avait quasi aucun souvenir.

La première chose dont Gary a commencé à parler durant ces sessions de channeling était quelque chose appelé Les Bars. Ce processus corporel consiste à poser délicatement ses doigts sur la tête, en touchant différents points qui correspondent à divers aspects de la vie d'une personne. Par exemple, il y a des points pour la joie, la tristesse, le corps et la sexualité, la conscience, la gentillesse, la gratitude, la paix et le calme. Il y a même une Bar pour l'argent. Elles s'appellent Bars parce qu'elles s'activent d'un côté à l'autre de la tête. En touchant gentiment ces points pendant un certain temps, nous relâchons toutes les pensées, sentiments, émotions, considérations, et jugements que nous avons accumulés que nous avons concernant ce domaine particulier. Une session de Bars permet d'éliminer 5'000 à 10'000 ans de considérations. Pouvez-vous imaginer à quoi ça ressemble ?

Alors, laissez-moi vous dire, lorsque la séance est finie, on se sent tellement plus léger. Il y a des choses qui vous posaient problème qui ont été éliminées alors que vous ne saviez même pas qu'elles étaient un problème pour vous. Essentiellement, faire les Bars crée énormément plus de clarté et en fin de compte, plus de conscience.

Maintenir les doigts sur ces Bars relâche la charge électromagnétique que nous générons dans notre champ énergétique quand nous nous sentons mal ou triste, ou quand nous nous jugeons. La science nous explique maintenant que nous créons des autoroutes neuronales dans nos cerveaux en ayant les mêmes pensées et les mêmes expériences à répétition. Une fois que nous avons atteint l'âge de cinq ou six ans, il n'y a que peu de place disponible au changement ; nous avons câblé nos cerveaux C'est ce que nous appelons les voies neurosynaptiques.

Au début, je ne savais pas exactement que faire de tout ce qui se passait durant les sessions, mais plus je le faisais, plus j'avais conscience des changements drastiques qui touchaient ma personnalité et ma vie. J'ai commencé à me sentir plus légère et plus heureuse, je me sentais plus à l'aise en présence des autres et je sais que mon entourage avait plus d'aisance avec moi aussi.

J'ai dormi profondément durant ma première session de Bars, ou je pensais avoir dormi. Ce n'était pas le même genre de sommeil que celui de nos nuits ; c'était plutôt un espace de rêverie où je pouvais entendre tout ce qui se passait autour de moi. Mon corps était dans un état de relaxation profonde que j'associais avec le sommeil parce que je n'avais jamais rien ressenti de tel auparavant.

Quand j'ai retrouvé mon corps après m'en être allé dans un autre espace, j'étais sur la table de massage ; Gary avait fini de faire son channeling et me souriait. J'essayais de bouger mais j'en étais incapable. Mon corps ne pouvait pas remuer et je restais couchée là pendant ce qui m'a semblé être des heures avant que je ne revienne à la réalité. Quand j'ai finalement été capable de bouger, je me suis quasiment effondrée en mettant les pieds par terre. Tout dans mon corps avait changé. Ma proprioception avait changé. Je n'étais pas encore habituée à ce nouveau corps qui était le mien. Tout était beaucoup, beaucoup plus léger ; en fait, j'avais la tête qui tournait et je me sentais étourdie. Incapable de savoir que faire de moi dans cet état, je me suis excusée et je suis partie m'écrouler sur mon lit.

Ce n'est qu'après plusieurs années, quand j'ai vu les changements dynamiques qu'Access avait sur Gary, et quand je me suis trouvée suffisamment désespérée, que j'ai commencé à m'intéresser à Access. Il s'avère qu'Access a été pour moi un miracle que je ne savais pas que j'avais demandé.

En 1998, alors que je vivais à New York, Gary est venu participer et tenir un stand à l'une de ces foires de santé, bien-être et spiritualité. Je suis passée dire bonjour. Il donnait des sessions de Bars avec plusieurs autres personnes et il faisait découvrir Access aux gens. Il m'a proposé de me coucher pour me faire mes Bars et dès qu'il a commencé, les larmes sont montées et j'ai commencé à pleurer. Et très vite, j'ai commencé à sangloter à chaudes larmes et je ne pouvais pas m'arrêter peu importe à quel point je me sentais embarrassée. C'est sorti de nulle part et je ne pouvais pas le retenir. Pendant tout ce temps, Gary continuait à me faire mes Bars en me disant que c'était ok, que je pouvais laisser sortir tout ça, et c'est ce que j'ai fait. Cela a fini par se calmer et Gary a terminé la séance. Lorsque je me suis assise, je me sentais plus légère et avec l'esprit plus clair que cela n'avait été le cas depuis des années. Je n'avais même pas remarqué à quel point je me sentais lourde jusqu'à ce que cette lourdeur disparaisse, peu importe ce qu'« elle » était.

Après m'être recomposée et avoir salué tout le monde, en particulier Gary, je me suis dirigée vers le métro pour rentrer chez moi dans l'Upper West Side parce que j'avais une classe le lendemain matin. La foire avait lieu dans la 34ème rue, et pour ceux d'entre vous qui ne connaissent pas New York, c'est l'une des rues les plus animées de Manhattan. Je suis sortie du bâtiment et je suis descendue le long du pâté de maison pour rejoindre la prochaine station de métro, mais en chemin j'ai vu une femme qui se tenait sur le trottoir à côté de la route. Elle était penchée sur quelque chose et quand je me suis penchée à mon tour pour voir ce que c'était, j'étais stupéfaite. Là sur le sol d'une des rues les plus animées de Manhattan, il y avait un carnet de chèques avec un gros paquet de billets qui dépassaient. Dès que j'ai compris ce que je voyais, la femme qui s'était penchée m'a regardée avec des yeux suppliants. Je me suis rapprochée et nous sommes restées là toutes les deux à fixer ce que nous voyions. Toutes les autres centaines de personnes qui étaient en train de marcher ne remarquaient même pas ce qui se passait. New York est très marrant de ce point de vue : il y a tellement de gens, mais personne ne voit rien. Tu pourrais être couché par terre en train de mourir et les gens te marcheraient dessus.

La dame m'a regardé et m'a dit que ça lui faisait peur et que c'était à moi de gérer la situation. C'est ce qu'elle m'a dit mot pour mot. Sur ce, elle s'en est allée. Je ne plaisante pas, elle m'a dit que cela lui faisait peur. J'ai pensé « Merde, je le prends », je l'ai ramassé, mis dans mon sac et me suis faufilée dans le métro en espérant que personne ne me suive.

Je suis arrivée dans ma chambre en toute sécurité, j'ai fermé les portes et j'ai sorti le cash pour examiner mes découvertes. Et à ce moment-là je l'ai compté pour la première fois ; il y avait 800$.

Le truc c'est que l'argent se trouvait dans un carnet de chèques sur lequel était inscrit le nom et l'adresse de la propriétaire, mais pas son numéro de téléphone.

Elle habitait le Vermont. J'ai pensé à deux options. Je pouvais garder l'argent pour moi mais je savais que je n'en retirerais pas de plaisir dans ces circonstances, ou je pouvais le rendre. J'ai décidé d'envoyer une lettre à l'adresse mentionnée pour lui faire savoir que j'avais retrouvé l'argent, et que, si je n'avais aucune nouvelle dans les trois prochaines semaines, je le garderais. Si elle me répondait, je lui renverrais son argent.

Deux semaines plus tard, mon téléphone super cool rétro bleu ciel a sonné et c'était elle au bout du fil. Mademoiselle Vermont qui s'extasiait sur le fait que quelqu'un ait trouvé son argent et soit prêt à le lui rendre et à quel point ça avait restauré sa foi en l'humanité. Et j'ai pensé « eh bien c'est une sacrée récompense, de retrouver la foi. » Elle m'a dit de garder 200$ pour me remercier, ce qui était ironique car j'avais déjà dépensé exactement ces 200 dollars pour de la marijuana.

Quelques semaines plus tard, j'ai eu un rendez-vous avec une des femmes qui avait fait des classes Access avec Gary. Elle était présente lors de mon passage au salon du bien-être. Elle pratiquait le Shiatsu et j'allais recevoir un soin. Elle a fini par me faire une séance Access, comme par hasard, ce qui était vraiment bien. J'ai quitté son cabinet en me sentant bien plus légère et expansive. J'ai pris l'ascenseur pour descendre au rez et alors que les portes s'ouvraient sur le lobby, il y avait un chariot d'entretien juste en face avec un énorme sac à poubelle transparent et d'autres déchets posés par dessus. Je m'apprêtais à le contourner quand j'ai remarqué quelque chose, un billet de 20$ qui me faisait signe du fond du sac. « Hé, bonjour toi ! » me suis-je dit en faisant un trou avec mon doigt dans le fond de ce sac d'où j'ai sauvé ces 20$, et je suis repartie.

Ce n'est que des années plus tard que j'ai reconnu que ces découvertes fortuites d'argent étaient le résultat direct d'Access et du fait que grâce à ça j'étais capable de recevoir plus de l'Univers. Utiliser les outils d'Access a changé quelque chose en moi et les choses ont commencé à apparaître comme par magie. Gary dit souvent « Tu n'as pas de problème d'argent, tu as un problème à recevoir. Sois prêt à recevoir plus et l'argent sera un effet secondaire. »

Les choses commençaient à changer pour moi, et ce n'était plus qu'une question de temps avant que je ne réalise pleinement l'étendue de ce qui était possible et mes capacités avec les entités.

Alors que ma première année à l'école d'art de New York touchait à sa fin, j'ai décidé de rentrer. Il y a une différence drastique entre la côte Est et la côte Ouest des Etats-Unis. Ma famille me manquait, ainsi que le climat Californien. J'ai décidé de continuer mes études dans une école en Californie. J'ai déménagé à Oakland, qui se trouve de l'autre côté de la baie de San Francisco, pour retrouver mes amis de Santa Barbara qui étaient aussi à l'école d'Oakland. Je me souviens avoir pleuré en regardant par le hublot du petit avion qui me ramenait à Santa Barbara. Pour atterrir à Santa Barbara, vous devez survoler l'océan, bleu, scintillant et brillant. La beauté du soleil et de la mer de Californie m'avaient manqué. Je me suis inscrite à l'école d'Oakland et j'ai décidé de donner une nouvelle chance à l'école d'art.

A cette période, je me retrouvais de plus en plus souvent au téléphone avec Gary pour lui demander de m'aider avec ce qui se passait dans ma vie. J'ai remarqué qu'Access marchait car il m'arrivait d'appeler Gary complètement hystérique et en quelques instants, il m'avait totalement calmée. Et quand je raccrochais, je me souvenais à peine de ce qui m'avait mis dans tous mes états pour commencer.

J'ai choisi d'arrêter l'école d'art et de commencer Access à plein temps. Ma mère a détesté ça mais Gary m'a permis de faire ce choix. Je savais que je devais le faire. L'école d'art, c'était marrant parce que je passais mon temps à créer des œuvres, mais ce qui était difficile pour moi, c'est que ça ressemblait à une énorme fête sans fin. Pour certains d'entre vous cela peut paraître génial, mais plus je devenais consciente, plus il était difficile pour moi de supporter d'être constamment entourée de drogues et d'alcool. Les artistes font les fêtes les plus déjantées et ont des vies et des pensées plus bizarres que n'importe qui d'autre que je connais. Et comme je devenais plus consciente, j'ai commencé à remarquer que je n'avais aucune vraie connexion avec les gens de l'école, et que personne n'avait une réelle connexion avec personne. Je vivais cette connexion que je désirais tellement avec les gens que je rencontrais dans les classes d'Access. Je sentais que les gens ne me jugeaient pas et qu'ils voulaient prendre soin de moi, sans compter que plus je faisais de classes d'Access, plus j'étais heureuse et plus les choses devenaient faciles.

J'ai quitté Oakland pour retourner à Santa Barbara, je me suis dégottée un appartement et j'ai commencé à enseigner à mes amis et à toute personne intéressée comment faire des Bars et utiliser les outils d'Access.

Plus je faisais Access, plus je devenais consciente. J'ai toujours perçu les entités, que j'aie admis ce fait ou non, mais je n'étais pas préparée du tout, ou du moins c'est ce que je pensais, pour ce qui allait m'arriver.

Les signes que les entités faisaient partie de ma vie étaient indéniables. Les murmures de leurs voix dans mes oreilles, et les légères caresses sur mes épaules pour attirer mon attention étaient quotidiens. Par moments mon appartement semblait être envahi de brouillard à cause de leurs présences. Un jour, comme si un interrupteur s'était allumé, ils étaient tous là.

Les entités m'ont dit « Bonjour Shannon, cela fait un moment… Nous savons que tu as tenté de nous éviter et tu y es presque arrivée… mais maintenant que tu as choisi de devenir plus consciente, nous allons être beaucoup plus présents. »

Avec réticence, j'ai répondu « Ok. Je m'excuse de vous avoir ignorés, mais jusqu'à présent, je n'étais pas vraiment prête. »

Les entités m'ont simplement répondu « Mettons-nous au travail. »

DEUXIÈME PARTIE

La frontière

« Tout est possible.
Il n'y a que nos choix pour nous en éloigner. »

~ Gary M. Douglas ~

Forêt enchantée, Terre enchantée

A l'âge de vingt ans j'ai visité la Nouvelle Zélande pour la première fois. Gary faisait une classe intensive de dix jours là-bas. Nous étions à un endroit appelé Rotorua, situé à environ trois heures de route au sud d'Auckland.

Rotorua est reconnue pour son activité géothermale sulfurique souterraine. Le premier jour où je suis arrivée, j'ai traversé un ruisseau et vous savez quoi ? Il était chaud !

Le terrain de la propriété sur laquelle la classe avait lieu était sensationnel et magnifique. Une grande partie de la propriété avait été défrichée pour créer des pâturages pour les moutons, ce qui créait des tapis dans tous les tons de vert qui se déroulaient dans les collines à perte de vue, bordées par des forêts touffues au vert plus sombre. Autour de l'une de ces grandes collines, il y avait un chemin qui descendait à travers la forêt jusqu'à un lac enchanté couleur de jade tout droit sorti du *Seigneur des Anneaux*.

Le premier jour où j'ai vu ce chemin, je ne l'ai pas suivi. Je me suis baladée en bordure de forêt, et sans trop savoir pourquoi, j'ai rebroussé chemin pour découvrir d'autres parties de la propriété. Ce jour-là j'ai découvert une tyrolienne (En Australie et Nouvelle Zélande, une tyrolienne s'appelle littéralement « un renard volant ». C'est un gros câble tendu entre un point élevé et un autre plus bas avec une poulie et une poignée qui vous permet de glisser du sommet jusqu'en bas.) J'ai passé la majeure partie de l'après-midi à courir en haut de la colline, me laisser glisser en bas aussi vite que possible en pliant mes genoux jusqu'à ma poitrine, pour courir en remontant et recommencer. J'adore la Nouvelle Zélande.

Le deuxième et le troisième jour, j'ai revu le chemin et à nouveau, je ne suis pas entrée dans la forêt. Au quatrième jour, le temps était devenu étouffant et j'ai pensé « Il faut que j'aille voir ce lac pour m'y baigner. »

Alors que je me trouvais à l'orée de la forêt, en la regardant, j'avais un sentiment très étrange, mais je ne savais pas ce que c'était. J'ai juste mis un pied devant l'autre et je suis entrée dans la forêt.

Dès que je me suis retrouvée parmi les arbres, la lumière aveuglante du matin avait diminué pour ne devenir qu'une sorte de brume verte presque scintillante. Les arbres étaient épais, énormes, et entrelacés. Le sol de la forêt était recouvert d'un tapis de fougères dense. Certaines de ces fougères me dépassaient, et une mousse vert intense poussait sur les troncs des arbres. Le chant des oiseaux m'appelait et m'invitait plus loin, et alors que je m'enfonçais dans la forêt et que je descendais, j'ai commencé à entendre ce que j'aurais pu jurer être des rires, et j'avais l'impression qu'il y avait des lumières qui flottaient entre les branches des arbres.

J'ai aperçu quelque chose briller du coin de l'œil, mais quand je me suis retournée pour vérifier, je ne voyais rien de particulier. Il y avait quelque chose qui dévalait le chemin juste au-delà de mon champ de vision. Pour commencer, j'ai pensé que je trébuchais sur des pierres, mais je me sentais plutôt comme si on me poussait.

J'ai appelé cette chose sans savoir ce à quoi je m'adressais et je lui ai demandé d'arrêter, et ça s'est arrêté.

J'ai continué sur ce chemin, et je suis arrivée au bord d'un grand lac vert clair, entouré sur la majorité de ses côtés par des murs de roche de hauts et abrupts. Je pouvais apercevoir l'autre côté du lac mais c'était à peine visible. Je suis restée debout et j'ai absorbé le chaud soleil du matin et la vue majestueuse de cet endroit vivant, tranquille et préservé. J'ai retiré mes chaussures et je me suis tenue debout, les orteils à la limite de l'eau.

Il faisait très chaud, même si c'était encore tôt le matin, et j'étais vraiment intéressée à plonger mon corps dans l'eau fraîche, mais quelque chose m'empêchait d'entrer dans le lac. La lumière qui scintillait à la surface de l'eau semblait me dire quelque chose. Ce n'était pas cognitif, mais le message me parvenait. Les esprits de l'eau ne voulaient pas que j'entre dans leur élément. A ce moment-là, je n'ai pas pensé cognitivement « oh, les esprits de ce lac ne veulent pas que j'entre dans l'eau. » Je savais juste que je n'irais pas me baigner. L'eau était magnifique, mais elle avait quelque chose d'étrange et d'énigmatique.

Donc je m'en suis retournée, et je suis remontée le long du chemin pour aller prendre une douche et me rendre en classe.

Durant mon ascension, je me suis arrêtée pour contempler l'énergie autour des arbres et cette chose envoûtante qui venait des feuilles.

A cette époque, j'avais vingt ans, et je sortais tout juste de plusieurs années où j'avais tout fait pour ne pas avoir conscience de ce genre de choses. Je n'étais pas entièrement consciente des secrets de cette forêt en Nouvelle Zélande par un chaud matin d'été de l'an 2000.

Quelque chose commençait à émerger en moi. Quelque chose s'éveillait en moi et me changeait.

Mes doigts ont commencé à fourmiller et trembler, et j'avais la tête qui tournait. Ma vision a commencé à se tordre et se brouiller. Je me suis assise sur le chemin et j'ai dû poser mes paumes à plat sur le sol, et puis les voix des esprits dans les arbres ont commencé à s'approcher de moi. Ils riaient, et s'esclaffaient et me chatouillaient le visage.

Si je n'en avais pas déjà fait l'expérience, j'aurais pu croire que j'étais en train de tripper sous l'effet d'une drogue, mais c'était réel ; cela se passait bel et bien. Je n'arrivais pas à déterminer ce qu'ils disaient, mais les êtres de cet endroit naturel sont intervenus dans ma vie pour me guérir, me changer et me montrer une autre possibilité. Vous pouvez les appeler fées, nymphes des arbres, appelez-les comme vous voulez, cet endroit était rempli d'esprits. Pas des esprits d'humains décédés, mais des esprits plus lumineux, plus brillants et plus étincelants.

Mon esprit n'arrivait plus à donner du sens à ce que je voyais dans cette autre dimension, et j'ai commencé à prendre peur. Dès que la peur est apparue, tous les rires et les scintillements ont disparu, et je savais que c'était moi qui les avais fait disparaître. Je m'en voulais parce que j'avais perdu ce sentiment glorieux qui m'avait envahi, et en même temps, je n'étais pas vraiment sûre où je m'en allais et si j'étais en sécurité là-bas. La confusion venait du fait que je ne savais pas comment me laisser aller à la magie de l'endroit et ne pas perdre l'esprit.

Et puis cela m'est tombé dessus comme une tonne de briques. Je me souviens d'une fois quand j'avais dix-huit ans et que j'étais partie avec deux de mes amis dans les montagnes aux environs de Santa Barbara pour manger des champignons magiques. Je me souviens qu'à ce moment-là je m'étais laissée aller et de la profonde communion avec la nature à laquelle j'avais accédé grâce à la drogue.

C'était en fait la première fois depuis l'enfance que je voyais et je savais qu'il y avait des esprits dans l'eau et la nature. Mes amis et moi avions trouvé un petit ruisseau avec de gros cailloux sur lesquels s'asseoir, et j'ai passé la majeure partie de la journée accroupie au bord d'une piscine naturelle formée par un coude du ruisseau. Tout ce que je pouvais faire, c'était fixer l'eau, fixer l'eau et dire « Est-ce que tu vois ça ? Est-ce que tu vois ça ? » mais personne ne m'entendait. Mes amis étaient partis grimper dans les arbres. Les esprits du ruisseau ce jour-là à

Santa Barbara évoquaient quelque chose que je n'avais jamais ressenti jusque-là. La sensation de tout savoir, partout et depuis toujours. Il y avait une sensation profonde de complétude et de paix qui n'avait aucun sentiment ou pensée associés, juste un espace infini fabuleux. Je n'arrivais pas à me décider si voir et ressentir les esprits de l'eau était terrifiant ou fascinant. J'étais envoûtée, incapable de m'en aller ou d'entrer dans l'eau. J'étais juste accroupie dans la terre et les feuilles au bord du ruisseau, et je continuais à aller de plus en plus profond avec ma conscience jusqu'au fond des eaux sombres, jusqu'à quasi littéralement faire voler mon esprit en éclats.

Après que le soleil se soit couché et que l'effet des champignons se soit estompé, j'ai complètement oublié ces histoires d'esprits de l'eau jusqu'à ce que je me retrouve assise par terre dans cette forêt de Nouvelle Zélande.

Tout m'est revenu, et c'est comme si je m'ouvrais à cette communion profonde avec la nature présente ici, mais sans la drogue. La Terre Mère m'a montré sa magie et les petits êtres pleins de pouvoir qui la peuplent sont venus me saluer. Ils semblaient savoir que j'étais prête – mais je n'en étais pas si sûre.

J'ai commencé à nouveau à m'abandonner à cette énergie pétillante, et la chose suivante dont je me souviens est de m'être éveillée courbaturée et mouillée sur le sol de la forêt. Pendant un moment, je ne savais pas où je me trouvais et j'avais l'impression que revenir à mon corps me prenait une éternité. J'avais la tête dans le brouillard et je me sentais incapable de me lever.

Alors que j'étais assise encore un peu hébétée, j'ai commencé à remarquer qu'il y avait une étrange lueur qui émanait des plantes tout autour de moi. Puis quelque chose a attiré mon attention sur le fait qu'il commençait à faire sombre et que je ferais mieux de me mettre en route avant que toute la lumière disparaisse. Je me suis redressée en vacillant et j'ai fini par grimper lentement le long du chemin qui sortait de la forêt. Alors que j'arrivais à l'orée du bois, je suis restée là un moment à ne pas savoir si j'avais envie de revenir dans le monde des humains. J'avais l'impression qu'on me forçait à retourner vers les gens, et cela me contrariait, mais je savais aussi que je ne pouvais pas rester au milieu des bois. Je savais que ce n'était pas ma place.

Quand je suis sortie de la forêt, j'ai remarqué que non seulement les plantes de la forêt brillaient, mais également toutes les herbes, et même les bâtiments de la propriété que j'apercevais au loin avaient cette espèce de lueur irisée.

Cette lueur a mis environ dix jours à disparaître, et après ça, je ne la voyais plus qu'autour des arbres, plantes et fleurs, et bien entendu parfois, autour des gens conscients.

A la fin de ce voyage, Gary m'a offert un collier d'os gravé représentant une créature mi-dragon, mi-poisson. Je lui ai demandé ce que c'était. Il m'a répondu que les Maoris l'appelaient Taniwha, un esprit de l'eau. Et j'ai pensé « tiens, c'est ce qui devait se trouver dans le lac. »

Beaucoup de cultures indigènes ne croient pas seulement aux esprits de l'eau, mais ils croient aussi aux esprits de leurs ancêtres.

Les Balinais croient par exemple qu'il y a de mauvais esprits dans l'eau. Je n'irais pas jusqu'à dire que les esprits de l'eau sont mauvais. Ils sont sombres et cachés très profondément, et les gens ont tendance à être repoussés par ça. Pour ces gens, il est tout a fait évident qu'il y a des esprits dans le monde.

A l'époque de Shakespeare, il était clair pour tout le monde que les fantômes faisaient partie du quotidien, et ceux qui se méprisaient les fantômes passaient pour des idiots.

Concernant le monde des esprits, je suis constamment abasourdie de voir où nous en sommes dans notre société. Je pense qu'un jour nous nous pencherons à nouveau sur cette époque pour nous dire « Te souviens-tu quand les gens ne croyaient pas aux fantômes ? », tout comme nous disons

maintenant, « Te souviens-tu quand ils pensaient que la Terre était plate ? »

Le père d'un ami nous rend visite

Pour passer du déni à entièrement manier l'épée de mes perceptions, la transition fut un peu rude, comme quand on grimpe une montagne. L'ascension est difficile, mais vous savez que lorsque vous serez au sommet, vous allez vraiment aimer être là. La première étape fut de commencer par reconnaître qu'il y avait une montagne. La deuxième étape fut de découvrir le meilleur endroit pour commencer l'ascension. La troisième fut simplement de continuer à mettre un pas devant l'autre une fois que j'avais commencé. Regarder en arrière ou revenir sur mes pas n'était tout simplement pas une option. Même quand le chemin était escarpé et l'idée de faire un pas de plus insupportable, je savais que revenir sur mes pas serait infiniment plus ennuyeux et moins gratifiant que de continuer.

J'ai découvert tellement plus de paix, alors que j'avançais dans ma vingtaine.

C'est à cette époque que j'ai rencontré mon premier petit ami. Il travaillait comme charpentier sur un chantier avec le gars avec qui je partageais un appartement. Tom était mon colocataire et il était électricien. Tom faisait aussi Access et il a invité Kevin, mon futur petit-ami-potentiel, pour venir faire une session de Bars. Par chance, ou comme un clin d'œil de l'Univers, Tom a « oublié » et il était à Los Angeles quand Kevin a frappé à la porte.

Kevin a frappé à la porte, j'ai répondu, le reste fait partie de l'histoire.

Kevin fut mon premier vrai petit ami et il a amené beaucoup de choses nouvelles dans ma vie, tout comme je l'ai fait pour lui. Il habitait sur un bateau dans la baie, ce qui était nouveau pour moi, et je pensais que c'était génial. Il m'a appris à naviguer et lire les tarots, ce que je n'avais jamais fait auparavant, croyez-le ou non.

Une nuit alors que Kevin et moi allions nous endormir, j'ai remarqué une présence puissante debout à côté du lit. C'était comme un énorme pilier d'intensité qui me fixait directement. Je ne pouvais pas vraiment éviter ou nier cette présence tellement elle était forte. Si auparavant j'aurais pu l'ignorer, maintenant c'était impossible. Cela me fichait la trouille, et j'ai essayé de la faire partir en utilisant les outils que j'avais appris d'Access.

D'habitude ces outils sont très efficaces, mais dans ce cas ils n'avaient aucun résultat. J'ai continué à répéter le déblayage, en espérant que l'être finirait par s'en aller, mais non, l'être restait tranquillement là, aussi intense et fort qu'auparavant à me fixer du regard.

Puis j'ai fini par demander à cet être ce qu'il (parce que je pouvais savoir que cette entité était masculine) désirait de moi et je n'ai reçu aucune réponse que je pouvais déchiffrer.

J'ai continué à lui demander ce qu'il faisait là, mais sans résultat, je n'obtenais rien.

J'ai fini par abandonner à cause d'un mélange de frustration et de fatigue. Je me suis endormie avec cet être qui était debout à côté du lit. J'ai demandé à Kevin de changer de côté de lit, pour qu'il se trouve du côté de cet être, sans lui expliquer les raisons de mon changement.

Le soir suivant alors que nous allions au lit, cet être était à nouveau à me fixer et exiger mon attention. Donc j'ai recommencé toute la rengaine avec les déblayages, et lui demander ce qu'il voulait, sans aucun résultat et donc à nouveau, je me suis endormie.

La troisième nuit, alors que nous nous mettions au lit, la présence était à nouveau là, et à ce moment-là mon niveau de frustration était dans le rouge, j'ai donc décidé d'en parler à Kevin.

Je lui ai expliqué, du mieux que j'ai pu, ce que je percevais de cet être debout à côté du lit.

J'ai mentionné que j'avais tenté de le déblayer mais que cela n'avait pas marché. J'ai dit à Kevin que je n'arrivais pas à capter ce que cet être essayait de me dire, et Kevin m'a demandé « Est-ce que c'est à toi qu'il veut parler ? » et d'un coup, alléluia, c'était clair comme de l'eau de roche.

Je posais les mauvaises. Cet être ne voulait pas parler avec moi. Il voulait parler à Kevin, évidemment ! Et j'allais faciliter cette expérience.

J'étais sceptique, mais j'allais tenter le coup et voir ce qui allait se passer. J'ai fait de mon mieux pour laisser mes points de vue de côté et de n'être que la voix de ce qui transparaîtrait.

Je ne savais pas comment Kevin prendrait la chose, mais il fallait que je saisisse ma chance et que je voie s'il y avait vraiment quelque chose à faire avec ça.

J'ai regardé Kevin, des doutes plein les yeux, et je lui ai demandé si ce qui se passait était vrai. Il a souri presque en jubilant et m'a répondu « oh ouais », à la fois impatient et fier de moi. C'était une nouvelle pour moi qu'il soit enthousiasmé que je lui présente cette capacité. J'ai réalisé que ce n'était pas quelque chose dont je devais avoir honte, mais quelque chose qui intéressait les gens. Ce fut la première rencontre, et de nombreuses suivirent, qui m'a encouragée à présenter aux autres ce que je voyais et d'être la porte-parole de ceux qui n'étaient pas entendus.

J'ai dit « ton père est là maintenant, et il dit qu'il est désolé. » J'ai parlé aussi vite que possible, pour que mon mental ne puisse pas s'en mêler.

Ces mots tout simples ont fait pleurer Kevin. Cela nous a étonné tous les deux ; nous ne nous attendions pas à cette réponse émotionnelle. J'ai continué rapidement, pour profiter de ce moment où nous étions tous les deux prêts. Son père a continué en disant à Kevin qu'il était fier de lui et qu'il était désolé de ne jamais avoir été présent pour lui dans sa vie.

C'était un message simple, mais suffisant. Kevin a éclaté en sanglots.

C'était un nouveau développement. J'aurais facilement pu rejeter tout ceci comme étant un truc que j'inventais, mais la réponse émotionnelle inattendue et incontrôlable de Kevin était la validation dont j'avais besoin.

Kevin et son père n'avaient pas de bonnes relations lorsque son père était en vie. C'était un homme abusif et têtu, dont Kevin parlait peu, mais envers lequel il nourrissait un ressentiment silencieux. Kevin était un charpentier très doué et un constructeur de voiliers sur mesure, reconnu dans son métier pour son travail soigné et artistique. Son père n'a jamais montré le moindre intérêt pour son travail et poussait même le bouchon en insultant Kevin et en le traitant de larbin.

Dans les années qui ont précédé sa mort, Kevin et son père se sont très peu vus et Kevin n'a pas assisté aux funérailles de son père à la mort de celui-ci.

Cela faisait une année que Kevin et moi étions ensemble et je ne l'avais jamais vu dans cet état. C'était un nouvel homme, un homme qu'il s'était toujours caché à lui-même. Il n'avait mentionné son père que quelques fois en passant dans nos conversations. Je n'avais pas réalisé l'impact que son père avait sur lui ou qu'il retenait pour lui tous ces sentiments.

Son père a aussi exprimé qu'il était désolé pour la façon dont il avait traité la mère de Kevin et demandé si Kevin voulait bien lui pardonner.

Cet événement fut un cadeau pour nous tous. Le père de Kevin m'a assisté en étant si présent et refusant de s'en aller quand je ne comprenais pas ce qu'il voulait. Cela m'a appris que certaines entités viennent nous trouver parce qu'ils veulent que nous transmettions un message à quelqu'un d'autre.

D'une certaine manière, ce n'était pas tant les mots que je disais, mais l'énergie qui transpirait qui avait le plus d'impact.

Je pouvais voir qu'il y avait une guérison profonde qui se déroulait autant pour Kevin que pour son père.

C'était la première fois que je pouvais véritablement voir comment le fait de faciliter une communication entre les vivants et les morts pouvait guérir et transformer les deux partis.

J'ai toujours su que les vivants avaient beaucoup à recevoir des morts, mais je n'avais pas réalisé à quel point les morts avaient aussi à recevoir des vivants.

Le pardon que Kevin a accordé à son père lui a permis de guérir et s'en aller.

Que faudrait-il pour que les gens réalisent ce qui a vraiment de l'importance pour eux alors qu'ils sont encore en vie plutôt qu'après leur mort ?

J'ai mis au point un petit truc pour me faire regarder en face ce qui a de l'importance pour moi à chaque instant de ma vie.

J'imagine qu'aujourd'hui est le dernier jour de ma vie. J'imagine que demain à l'aube, je meurs et si je suis vraiment capable de suivre cette fiction, les choses qui ont vraiment de l'importance pour moi commencent à remonter à la surface.

Les choses auxquelles je m'accroche ou qui m'énervent perdent leur pertinence quand je prends une perspective plus large.

Je réalise que la dispute que j'ai eue avec ma sœur n'était vraiment pas si importante, peu importe à quel point je pense avoir raison. Je réalise que ce qui a de l'importance, ce n'est pas qu'un gars me rappelle, ou si j'ai assez d'argent, ou si mes fesses sont trop grosses. C'est l'amour que j'ai pour mon entourage et moi-même qui m'importe. Et faire savoir à ceux que j'aime que je les aime.

Le message que les esprits demandent le plus souvent à faire passer est celui de l'amour et du pardon. Ils veulent le plus souvent s'assurer qu'une personne en particulier sait qu'elle est aimée ou ils veulent s'excuser pour quelque chose qu'ils ont fait durant leur dernière incarnation. Le message est souvent aussi simple que celui-ci, et il est exprimé bien plus souvent que ce que j'aurais pu imaginer.

J'ai appris au travers de ce « job » d'être un médium que la plupart (pas tous) des gens ne sont pas heureux de la façon dont ils vivent leur vie et reviennent souvent pour essayer de remédier ou guérir ce qu'ils pensent avoir laissé en suspens.

Donc, j'appelle les gens avec qui je me suis disputée et je m'excuse, et je laisse tomber toutes les contrariétés de mon côté. J'envoie des flots d'amour à toutes les personnes de ma vie à qui ne n'ai peut-être pas dit à quel point je les apprécie. Je détruis tous mes jugements de ce qui est juste ou faux dans ma vie, ou du mal et du bien que je perçois que les gens m'ont fait ou ont été pour moi.

Je prends la pleine responsabilité pour ma vie et mes sentiments.

La mort est le rival final ; elle nous oblige à faire face à ce que nous évitons de regarder en face dans nos vies. Cela nous fait réaliser qu'il n'y a plus de temps à perdre et qu'un grand changement nous attend. Vous accédez aux limites de la réalité telle que vous la connaissez. Pourquoi ne pas vivre sur cette limite, afin de rester alerte dans nos vies ? Au travers de cet exercice, je ne prends pas ma vie pour acquise. Je réalise que j'ai cette incorporation pour avoir du plaisir dans ce monde, et la réalité de son impermanence est très réelle pour moi.

D'habitude, cet exercice marche un certain temps, puis je réalise que je ne suis à nouveau plus présente dans ma vie et je refais l'exercice.

Quand je partirai, je ne veux pas être coincée parce que je traîne des situations non résolues.

Une soirée à la Nouvelle Orléans

Kevin s'intéressait de plus en plus à Access et il m'a proposé de rouler à travers le pays jusqu'en Floride où mon beau-père animait une classe à Panhandle. Il a dit que nous pourrions prendre son van et camper en route et rendre visite à des amis et de la famille en chemin. L'idée me semblait géniale ; je n'avais jamais traversé les États-Unis en voiture et j'étais prête pour l'aventure.

J'ai adoré ce voyage, voir les paysages de la Californie du Sud laisser place aux déserts plats et secs de l'Arizona et du Nouveau Mexique. Le Texas s'est avéré le plus dur ; aucune indication sur le bord de la route pour indiquer nos progrès, juste une étendue infinie de route et de ciel.

Nous conduisions un van VW de 1985 sans stéréo ni air conditionné. Et même s'il y avait eu une stéréo, nous aurions eu de la peine à l'entendre par-dessus les vrombissements du moteur et les bruits de la route. Pour passer le temps, j'écoutais *Autobiographie d'un Yogi* et *Conversation avec Dieu* sur mon walkman pendant que je regardais les paysages. Les livres étaient suffisamment longs pour durer toute la durée du voyage, et suffisamment intéressants avec leurs miracles hors du commun et leurs philosophies spirituelles pour me divertir.

Alors que nous atteignions l'Est du Texas, l'humidité nous a frappé comme un mur, et nous étions mûrs pour un arrêt. Quel meilleur endroit pour s'arrêter, avons-nous pensé, que la Nouvelle Orléans où Kevin avait de la famille ?

Je n'avais jamais visité cette partie des États-Unis et je n'avais aucune idée de ce qui m'attendait. A quoi pensent les gens quand ils pensent au Sud des États-Unis ?

Est-ce qu'ils pensent à l'étrange mousse espagnole qui s'écoule le long des chênes majestueux dans la région, ou aux tartes à la pêche, au poulet frit et au thé froid ?

Moi je pensais trouver une hospitalité impeccable, de longs cheveux, de larges chapeaux, des gros ventres et du bon gros racisme. Bien sûr j'avais seulement entendu parler des histoires d'esclavage et de racisme. Tous les livres d'histoire en parlent. Je n'avais jamais rencontré quelqu'un qui soit suffisamment « pas cool » pour être véritablement raciste. Je sais que cela indique que j'ai vécu une vie plutôt protégée. Protégée des défauts plutôt horribles de l'humanité, mais pas protégée des expériences surnaturelles extraordinaires au-delà de nos 5 sens ; ironique, n'est-ce pas ?

Je sais que ce que je vais dire peut paraître très grossier, mais je dois admettre que j'ai beaucoup de gratitude pour les esclaves noirs qui sont venus en Amérique. Au mieux, l'esclavage était quelque chose d'horrible, mais selon moi, ce qui en a découlé est fabuleux. Sans ces Africains qui ont été amenés comme esclaves, aurions-nous le Jazz, le Blues, la Soul, le Hip Hop ou le Rock'n'roll ? Je ne comprends pas comment quelqu'un peut vouloir travailler aussi dur pour contrôler une autre personne ; sérieusement, qui est esclave de qui ? Comment peut-on faire ça ? C'est totalement incompréhensible pour moi, mais je ne comprends pas non plus pourquoi on décime une forêt ou on tue un animal, alors forcer quelqu'un à être moins que soi me dépasse. Toutefois, n'est-ce pas cool ce que ces Africains ont inventé ?

Merci, merci, merci !

Nous sommes arrivés dans les environs de Houston au milieu de la nuit. Nous avons quitté l'autoroute pour faire le plein d'essence proche du centre ville parce que la I-10 (l'autoroute qui va directement de Californie du Sud en Floride passe par le « ventre » du Texas) traverse Houston en plein milieu. Nous nous sommes arrêtés et avons coupé le contact. Mes oreilles bourdonnaient à cause des vibrations constantes de la route et j'étais reconnaissante de faire une courte pause. La chaleur était presque intolérable à cause de l'humidité. Je me souviens avoir été fascinée par la décrépitude urbaine de la ville. Les trottoirs étaient usés et irréguliers, avec des plantes qui s'infiltraient jusqu'à la surface en fissurant l'asphalte de-ci, de-là. Certains bâtiments étaient décrépis et défraîchis. Houston est une ville aisée, mais une ville malgré tout. Santa Barbara est une cité balnéaire qui ressemble plus à un complexe hôtelier qu'à un véritable endroit où les gens vivent. En surface, Santa Barbara est parfaite, et j'en apprenais plus sur le monde grâce à l'âme de Houston, tard dans la nuit, en plein été.

A cause de l'énormité quasiment surnaturelle des constructions qui se déroulaient dans le centre ville en 1999, nous avons passé l'heure suivante à tenter de retrouver comment rejoindre l'autoroute qui partait vers l'Est. La zone de construction me faisait penser à l'intérieur d'un vaisseau spatial tiré du film Alien. Tout était sombre, avec des câbles et des cordes dans tous les coins, et du ciment craquelé qui exposait les entrailles des infrastructures de la ville. Il y avait des grues qui relâchaient de la vapeur et des détours sans fin avec des panneaux de circulation placés aux mauvais endroits et indiquant toujours la mauvaise direction. J'aurais pu penser que c'était simplement de la mauvaise planification urbaine. Mais je me souviens m'être demandé ce qui nous retenait là-bas. Est-ce qu'il y avait quelque chose qui nous empêchait de retrouver notre route pour rejoindre la Nouvelle Orléans ?

Après notre voyage à la Nouvelle Orléans, j'ai compris très clairement le message, mais à ce moment-là, cela ressemblait à un croisement entre une coïncidence et une grande main invisible qui essayait de nous faire partir dans une autre direction. Finalement, après beaucoup d'efforts, nous avons retrouvé notre chemin sur la I-10 direction Est.

Alors que nous roulions de nuit en direction de la Louisiane, l'aube s'est levée pour révéler la surface d'une planète surréaliste. Un pays de marécages comme je n'en avais jamais vus. L'autoroute dans cette région passe au-dessus de centaines de kilomètres de marécages. Les arbres pleins de mousse dégageaient un sentiment étrange et inquiétant, et je ne pouvais qu'imaginer ce qui se cachait sous la surface des eaux brunes. Je me demandais comment les premiers habitants avaient fait pour s'installer sur ces terres inhospitalières et pourquoi ils s'étaient donnés cette peine.

Finalement, nous sommes arrivés aux alentours de la Nouvelle Orléans et nous avons quitté l'I-10, bifurqué vers le Nord, traversant le pont plat et interminable qui passe au-dessus du lac Pontchartrain en route pour aller poser nos affaires à la maison de nos amis et nous rafraîchir avant d'aller explorer la ville de la Nouvelle Orléans. Ni Kevin ni moi n'avions dormi une nuit complète les quatre dernières nuits, car nous avions partagé le volant. Pendant que l'un d'entre nous dormait pendant un moment, l'autre conduisait, ou nous étions tous deux réveillés, à parler et profiter de la liberté d'être sur la route. Nous aurions pu attendre une nuit et récupérer un peu de sommeil avant de nous aventurer à découvrir ce que la Nouvelle Orléans avait à offrir ; avec le recul, ça aurait été une bonne idée, mais nous avons décidé de troquer notre repos pour du fun et nous nous sommes dirigés vers la ville.

Dix minutes plus tard, alors que nous arrivions au centre du Quartier Français, j'ai réalisé que ce ne serait pas aussi amusant que ce que j'avais espéré initialement. Les entités en ville étaient encore plus denses que l'humidité. J'ai essayé de prétendre que ce n'était pas le cas, principalement parce qu'à ce moment-là je ne savais pas que faire face à autant d'entités dans un même endroit - ou si je devais tenter de faire quoi que ce soit en la matière. J'ai tenté de bloquer toutes mes perceptions et de m'amuser avec les autres. J'ai découvert que ce refus délibéré marchait parfois – en quelque sorte. Mais à un moment donné, l'énorme gorille violet que je tentais d'ignorer me frappait suffisamment souvent sur la tête pour que je réalise que j'avais 2 choix, soit m'écrouler sous la pression ou y faire face, peu importe à quoi « ça » ressemblait ou comment je le ressentais. J'ai commencé à combattre un sentiment de folie. C'était une prise de conscience nouvelle pour moi ; je ne m'étais pas encore retrouvée face à une telle quantité d'entités en un seul endroit depuis mon voyage en Angleterre quand j'étais enfant, et je l'avais depuis longtemps oublié. J'essayais de ne pas y porter trop d'attention ; j'ai repoussé mes sentiments et j'essayais d'avoir du bon temps, mais je me sentais de plus en plus inconfortable.

Alors que nous marchions dans les rues pavées, j'étais étonnée de remarquer trois rangs d'entités devant tous les murs que je voyais. Il y avait plus d'entités à la Nouvelle Orléans que de gens. Je me demandais comment ça pouvait être le cas, alors j'ai continué à le nier. Je n'avais aucune idée que quelque chose de ce genre pouvait exister.

J'ai aussi rencontré une énergie dont je n'avais encore jamais fait l'expérience. C'était comme si je ne parlais pas leur langue. Est-ce que je captais quelque chose ou est-ce que je l'imaginais ? Est-ce qu'il y avait quelque chose de sinistre qui se passait ici ou est-ce que je l'inventais ? Je continuais à me sentir tiraillée entre essayer de donner du sens à tout ça et penser que je devenais complètement folle. Alors que nous prenions plus de temps pour nous balader dans les rues, j'ai commencé à additionner deux plus deux. Après avoir vu le cinquième magasin glauque de Vaudou, j'ai réalisé ce que j'avais négligé jusque-là. Les esprits des rues de la Nouvelle Orléans connaissaient le Vaudou, et ils parlaient un langage que je ne connaissais pas.

J'ai appris par après que les Africains qui furent amenés aux États-Unis comme esclaves avaient emporté dans leurs valises leur religion, le Vaudou. Vaudou signifie littéralement Esprit. J'ai découvert que le Vaudou était une religion rurale pacifique, et à cause de la cruauté et de l'oppression extrême imposée par le commerce des esclaves, elle est devenue agressive et même violente. Les propriétaires d'esclaves blancs pensaient que la religion originelle des esclaves était de la sorcellerie et l'ont interdite, forçant ainsi les croyants à pratiquer secrètement et à changer les visages et noms de leurs dieux esprits pour les transformer en Saints Catholiques Européens.

Les praticiens de Vaudou appellent les esprits pour leur magie et leur aide. Bienvenue dans le Sud !

A l'origine, les Africains qui furent amenés comme esclaves étaient très à l'écoute du monde des esprits, parce que personne ne leur avait jamais appris que ça n'existait pas. Au contraire, ils étaient encouragés à se connecter à leurs ancêtres défunts. Ils étaient élevés à croire aux esprits et demander leur assistance.

Les gens se promenaient en ville, joyeusement inconscients des esprits qui se rassemblaient autour d'eux.

Comme je l'ai mentionné avant, les entités se tenaient alignées sur trois rangs les uns derrière les autres le long des murs de la ville. Sur le premier rang d'entités le long des murs, il n'y avait que des hommes. Ils se tenaient debout et regardaient en direction de la rue avec des yeux vides et une bouche sombre à l'intérieur. Ils donnaient l'impression de participer à une expression de masse plutôt que d'avoir une communication individuelle qui leur était propre. Cela ressemblait au bourdonnement de milliers d'insectes.

Les femmes se tenaient debout derrière la rangée d'homme. Leurs yeux étaient plus présents, elles voyaient ce qu'elles regardaient. C'étaient elles qui s'occupaient de toute la communication, si on peut appeler ça ainsi. Je pouvais délimiter des pensées individuelles venant des femmes. Derrière elles, il y avait une force supplémentaire d'une énergie indéfinissable ; ce n'était pas humain et plutôt sombre. Cela n'avait pas de forme singulière en soi, mais sa présence était palpable.

Je n'ai réalisé que longtemps après que peut-être la raison pour laquelle les femmes se tenaient derrière les hommes était parce que le Vaudou engendrait une société matriarcale. Les hommes étaient les gardes des femmes et les femmes étaient les gardes de cette énergie derrière elles. Je pense que ce qu'elles tenaient derrière elles, c'était la « vraie » magie de leur religion, un truc que les Africains avaient amené en Amérique et qu'ils ont dû cacher par peur des représailles. C'est peut-être pour cela que c'était si sombre derrière elles. Elles cachaient ceci dans l'ombre afin que personne ne puisse le voir. De plus, les gens ont tendance à regarder de l'autre côté quand ils voient quelque chose de « sombre », alors quel meilleur endroit pour cacher quelque chose de précieux à ses yeux que dans l'ombre ?

Et même si je pouvais voir tout ceci clairement dans mon esprit, j'essayais toujours de rendre ceci logique pour que ça n'existe plus, en l'ignorant tout simplement. C'était trop pour être réel, mais alors que la soirée continuait et que je me perdais de plus en plus dans l'ombre, j'ai commencé à reconnaître cette réalité avec beaucoup de réticence– ça arrivait vraiment.

A ce moment-là, tout ce que j'ai été capable d'émettre était un murmure de protestation pour demander de partir « maintenant s'il te plaît ». Mon esprit était confus et dans le brouillard, je me sentais au bord des larmes. J'avais envie de rester et avoir du plaisir à découvrir les nouveaux sons et décors fameux de cette ville, mais mes genoux tremblaient et j'avais l'impression que j'allais perdre la boule.

J'ai finalement été capable de convaincre Kevin que j'avais vraiment besoin de rentrer tôt, et il a eu la mission d'annoncer à nos amis que nous partions car je me sentais mal. Ils ont tous protesté et m'ont demandé pourquoi je me sentais mal, et tout ce que je pouvais faire c'était pleurer. Sur ce, Kevin nous a excusés et m'a ramené au van. Je ne plaisante pas, ma tête était tellement embrumée par tous ces esprits que j'en avais perdu ma capacité à parler. Vraiment pas amusant, mais une expérience riche en apprentissages.

Kevin ne semblait pas déçu pour notre départ quelque peu abrupt. Il voyait que je me débattais et il avait perçu lui-même l'ombre qui rôdaient dans les rues.

Plus tard, j'ai appris qu'il y avait des tours guidés des cimetières et un tour guidé des « morts » à la Nouvelle Orléans. Les esprits sont révérés et célébrés là-bas. Pas étonnant qu'aucun d'entre eux ne veuille s'en aller. Apparemment, à cause de la nature marécageuse du terrain, les corps sont enterrés au-dessus du sol dans des cryptes. Certains cimetières ressemblent à de petites villes des morts. Il est courant de voir des corps refaire surface en ville lorsqu'il y a de très fortes pluies. Partout où ils creusent, ils retrouvent des cadavres sous les maisons de la Nouvelle Orléans. Dégueulasse ! Pas étonnant que cet endroit m'ait foutu la trouille.

Alors que nous nous éloignions de la ville, j'ai commencé à me relaxer et à me sentir à nouveau à moitié moi-même. J'étais incapable d'expliquer à Kevin ce qui m'était arrivé en ville ; tout ce que j'ai réussi à dire c'était : « je ne me suis juste pas sentie bien. »

Ce n'est que des années plus tard que j'ai été capable de me rappeler cette soirée et me souvenir exactement de ce qui avait transpiré. Depuis, je ne suis jamais retournée en Louisiane et je me demande comment l'ouragan Katrina a affecté l'activité paranormale de la Nouvelle Orléans. Je suis prête à parier que les forces de la nature ont déblayé la plupart, si ce n'est tous ces esprits coincés.

Le pouvoir de la nature peut parfois être terrifiant et avoir un impact très grand, mais pas aussi terrifiant et percutant que l'inconscience créée par les gens. La nature va toujours nous rééquilibrer, que nous le voulions ou non.

Grandir et devenir qui je suis

Avec le temps, j'ai commencé à avoir de plus en plus d'aisance et communiquer ouvertement avec les esprits. J'ai commencé à accepter sans réserve que je n'étais pas juste en train de tout inventer. J'ai aussi commencé à en voir la valeur. La réalité que cette capacité était une contribution valable devenait de plus en plus réelle à mes yeux, au lieu que j'en sois mortellement embarrassée. Je commençais à arrêter de croire que j'étais un phénomène de foire et j'ai commencé à embrasser mes capacités.

Il y avait des gens qui apparaissaient dans ma vie pour me demander des séances et offrir de me payer pour celles-ci. J'ai pensé « je ne peux pas prendre leur argent. Et si je ne fais pas du bon boulot ? »

La première femme à se faire connaître s'appelait Loraine, une petite blonde explosive du Tennessee, qui savait que je pouvais lui donner ce qu'elle recherchait. Elle était très insistante et j'ai fini par lui céder, même si j'étais très nerveuse.

C'était ma première session payante, ce qui me mettait encore plus la pression.

Nous nous sommes assises et elle était impatiente de commencer, prête avec son carnet de notes et son enregistreur à cassettes. J'étais assise à essayer de me convaincre que je n'étais pas juste une gosse stupide qui inventait tout ça. Je me suis forcée à regarder dans l'espace de Loraine pour voir ce que je pouvais y trouver, et vous savez quoi ?

Il y avait son père et le reste de sa famille. J'ai pensé « bon dieu, où est-ce que je commence ? »

J'ai commencé par lui décrire son père pour m'assurer que c'était bien lui et à chaque information que je lui transmettais, elle hochait la tête en disant « oui, oui, c'est exactement à quoi il ressemblait. »

J'ai pensé : « Cette femme est dingue, mais si elle est dingue, moi je suis la dingo en chef ! »

Elle voulait connaître le testament de son père et où il avait laissé tout l'argent qu'il était supposé avoir, parce que personne dans la famille ne semblait savoir où l'argent se trouvait. Et j'ai pensé « oh merde, elle veut des informations factuelles. Et si je me trompe ? » Comment pourrais-je savoir si j'étais en train d'inventer ou non ? Et si je ne donnais pas une bonne réponse, cela voulait dire que tout ça n'était que de la foutaise.

Malgré tout, j'ai réussi à surmonter mes doutes et mon scepticisme. Je me suis forcée à explorer des endroits où je n'étais encore jamais allée dans le monde des esprits. Je me suis efforcée de traduire effectivement ce que je percevais au lieu de le pousser de côté.

J'ai commencé à communiquer ouvertement avec son père. Je devais lui demander les informations que Loraine désirait et j'avais l'impression de lui arracher une dent. Il était réticent à me fournir les informations parce que je ne faisais pas partie de la famille. Je lui ai dit « écoute mon gars, j'essaie juste d'offrir à ta fille une bonne session, peux-tu m'aider ici ? »

Il m'a répondu « D'accord, je vais t'en parler, mais tu dois faire promettre à Loraine qu'elle ne répétera rien à sa mère. »

J'étais surprise qu'il fixe des conditions ; c'était intéressant. C'est la première fois que j'ai réalisé que les esprits avaient leur mot à dire sur ce qui se passait. Si un esprit ne voulait pas révéler d'informations, il ne le ferait pas, tout comme n'importe quelle personne. Si quelqu'un venait me trouver en me demandant de contacter un mort particulier, et que celui-ci ne voulait pas être contacté, il n'y avait rien à faire. Si vous appelez quelqu'un et qu'il ne veut pas vous parler, il ne répondra simplement pas au téléphone. A moins de trouver un truc pour y arriver, mais ça c'est une autre histoire !

J'ai dit à Loraine que son père avait mis des conditions pour déterminer si oui ou non il allait lui révéler les informations qu'elle demandait. Cela l'a fait rire et elle m'a dit « bien sûr c'est évident ! » et nous avons continué.

Il m'a montré l'image d'un jardin tout en longueur avec quelques grands arbres et une vieille maison très haute tout au bout. L'image du jardin est passée si rapidement, comme un flash, que je l'ai pratiquement manqué, mais j'avais commencé à faire confiance au subtil, aux brèves images que je recevais. J'ai mentionné le jardin à Loraine, et elle m'a répondu que cela ressemblait à l'arrière de la propriété de son père dans l'état de Washington. J'ai confirmé « Oui, ça me semble juste. »

Puis elle m'a demandé « qu'est-ce que le jardin vient faire là-dedans ? » Je lui ai répondu « Je pense qu'il dit que l'argent s'y trouve. »

Elle en était bouche bée « Non, c'est pas possible ! »

« Hé bien selon ses informations, il se trouve proche d'un grand pin. »

« C'est ce que j'ai toujours suspecté, mais je ne pouvais pas y croire. Mon père a grandi durant la Grande Dépression et n'a jamais fait confiance aux banques » m'a-t-elle dit.

Je pensais que c'était l'une des choses les plus drôles que je n'avais jamais entendues, quelqu'un qui planque son or au fond du jardin. Il n'avait vraiment pas confiance dans les banques !

Loraine m'a dit qu'elle et son frère avaient tenté de convaincre leur mère que leur père devait avoir fait un truc de ce genre, mais leur mère résistait totalement à cette idée. Leur mère leur disait : « Comment aurait-il pu faire une chose pareille juste sous mon nez sans que je ne m'en aperçoive ? » Par fierté, elle avait interdit à ses enfants de creuser dans le jardin.

Je pense que la réaction de la mère de Loraine était due au fait que son père mettait des idées dans la tête de sa femme depuis l'au-delà. Il ne voulait pas qu'elle découvre son trésor. Le père de Loraine semblait beaucoup dédaigner sa femme et il essayait de la manipuler d'outre-tombe pour qu'elle ne trouve pas ce qu'il ne voulait pas qu'elle trouve. Mon job n'était pas de spéculer sur la dimension psychologique de la relation entre le père et la mère de Loraine. J'essayais juste de répondre aux questions de Loraine aussi clairement que possible et faire passer les points qui me semblaient les plus pertinents. Je n'ai pas mentionné le fait que son père haïssait sa mère.

Loraine jubilait en me confirmant les informations que je lui donnais. Elle m'a dit qu'elle ne pouvait pas attendre d'en parler à son frère et l'emmener dans le jardin de la vieille maison de famille et commencer à creuser. J'ai fait de mon mieux pour lui décrire où je pensais que ça se trouvait dans le jardin. Elle s'est immédiatement levée et s'est précipitée sur le téléphone.

J'ai pensé « Merde, j'espère que j'ai raison, mais si ce n'est pas le cas, ce serait un soulagement parce qu'à ce moment-là je pourrais laisser tomber ces bêtises et je pourrais essayer de redevenir normale. »

Pas de chance. Quelques jours plus tard, Loraine m'a appelé à la maison pour m'informer qu'ils avaient touché le jackpot. Son frère était allé directement à la maison et il avait commencé à creuser là où j'avais suggéré, et voilà ! Plus d'un million de dollars en pièces d'or et billets. J'ai pensé « Sacredieu, je vais pleurer. Est-ce que je l'ai fait ? En aucun cas ! »

J'étais totalement choquée et j'avais un peu de peine à y croire.

Il va sans dire que Loraine était aux anges à propos de ses découvertes et j'étais plutôt contente de moi aussi, une fois le choc passé.

Ce qui était le plus drôle dans tout ça, c'est que ça se passait sous mes yeux, et je ne pouvais toujours pas y croire. C'est plutôt bien que je sois mignonne, car parfois je ne suis pas très futée.

Robin

Robin[2] était l'une des clientes de mon beau-père, et mon beau-père me l'a envoyée pour avoir une session avec moi. Nous avons fixé une session par téléphone car elle habitait au Texas et j'étais en Californie.

Robin a commencé à me dire que sa mère était très malade et sur son lit de mort.

Elle me disait que sa mère était d'accord de changer certaines choses dans son testament et Robin lui avait ramené le testament pour le signer une fois les changements effectués.

Après avoir parlé avec sa mère durant la matinée, Robin est arrivée chez sa mère dans l'après-midi.

Après de nombreuses heures de discussion et de persuasion, Robin a quitté les lieux, complètement perplexe et sans que le nouveau testament ait été signé. Le lendemain elle a reparlé à sa mère qui lui a demandé pourquoi elle n'était pas venue comme elle l'avait promis.

Robin était complètement perdue. D'après ce qu'elle savait, sa mère ne souffrait pas de la maladie d'Alzheimer, et elle n'avait jamais été en présence de sa mère de cette façon. Robin a expliqué à sa mère qu'elle était venue et qu'elles avaient parlé, mais sa mère a commencé à s'agiter au cours de cette

---

2   En anglais, Robin est un nom autant masculin que féminin. Prononcé à l'anglaise, ça devient « Robine »

conversation. Elle n'avait honnêtement aucun souvenir que Robin soit passée l'après-midi précédent. Elle a demandé à Robin de revenir et dit qu'elle signerait le testament.

Le jour suivant, Robin est revenue à la maison de sa mère, et à nouveau il y a eu une longue discussion concernant le fait de signer le testament, sans succès.

Robin a commencé à se sentir très inquiète pour la santé mentale de sa mère et elle a appelé son médecin traitant dans l'après-midi. Son médecin lui a dit qu'il n'avait pas remarqué ce genre de comportement jusque-là mais qu'il y ferait attention à la prochaine visite.

Robin commençait sérieusement à penser que sa mère était en train de perdre la tête, mais cette nuit-là Robin a fait un rêve.

Elle a rêvé qu'elle était assise dans le salon de la maison de sa mère avec sa mère, mais il y avait trois mères. Elles ne se ressemblaient pas toutes vraiment, mais elle savait qu'elles étaient toute sa mère. Et ce dont elle se souvenait vraiment, était que l'une d'entre elles disait en boucle « je suis ta mère, pas elles. »

Au réveil, le jour suivant, Robin a immédiatement appelé mon beau-père, parce qu'elle savait que sa mère avait plus d'une entité qui menait la danse, d'une certaine façon.

Mon beau-père lui a confirmé ceci et recommandé que Robin prenne rendez-vous pour une session avec moi.

Dès que Robin a commencé à parler de tout ceci, j'ai immédiatement commencé à avoir conscience des différents êtres qui étaient autour de sa mère.

J'ai expliqué à Robin que sa mère ne perdait pas l'esprit. Sa mère avait ce que mon beau-père et moi appelons une occupation multiple, cela veut dire qu'il y avait plus d'un être dans son corps avec elle.

C'est bien plus commun que ce que la plupart des gens pensent. Quand quelqu'un a de la difficulté à prendre une décision et doit toujours consulter le comité qu'il a dans la tête, c'est parce qu'il y a de multiples entités là-dedans qui prennent les décisions sur tout. Cela contribue à ce que certaines personnes se comportent d'une certaine façon à un moment et complètement différemment à d'autres moments. C'est parce que ce n'est pas le même être qui est présent à chaque instant ; il y a plusieurs êtres. La schizophrénie et les troubles de personnalités multiples sont des cas extrêmes de ce genre de cas.

J'ai demandé à Robin si elle avait déjà remarqué des formes plus subtiles de ce genre de comportements par le passé, par exemple si sa mère semblait être comme des personnes différentes à différents moments, ou si elle « oubliait » les choses qu'elle était censée savoir.

Robin m'a répondu en hésitant « hé bien, en fait, oui. »

« Nous avions l'habitude mon frère et moi de plaisanter sur la personnalité de notre mère. Parfois, elle était la personne la plus attentionnée que l'on puisse imaginer et à d'autres moments elle était une personne totalement différente. Oh mon dieu, je pensais que nous disions ça juste en passant. Oh, c'est trop bizarre ! »

J'ai ri et Robin était un peu sonnée à l'autre bout du fil.

Puis elle a demandé « Comment est-ce que ça arrive ? »

Je lui ai expliqué que ce n'est pas si inhabituel et que ça peut arriver quand quelqu'un décide à un moment donné qu'il ne veut plus vivre, par exemple. Fondamentalement, il met un signe « à louer » au-dessus de son corps et un autre être s'installe. Et si l'occupant original ne remarque pas vraiment ce qui s'est passé, il ou elle va rester comme si rien n'avait changé. Mais en fait, il y a un autre être qui participe à sa vie maintenant, qui décide et interagit avec son entourage.

Cela peut arriver quand quelqu'un a un gros accident, ou une opération, ou toute autre forme de traumatisme important du corps. Cela peut permettre à un autre être de s'installer (en anglais un walk-in). Cela arrive d'habitude quand quelqu'un a décidé qu'il a besoin d'aide ou qu'il n'arrive pas à gérer quelque chose par lui-même. Il va appeler un autre être, consciemment ou inconsciemment, pour l'aider pour certaines choses. Mais si la personne n'a pas conscience de ça, elle risque de laisser l'autre être ou les autres êtres diriger le show et tout ceci finit par être un peu mélangé.

Puis j'ai expliqué que la confusion avec le testament était plutôt honnête. Sa mère ne se souvenait absolument pas avoir eu cette conversation avec Robin concernant le testament, parce qu'il y avait une autre entité qui s'occupait d'une partie de sa conscience ou sa vie. À sa prochaine visite chez sa mère, elle devra demander que l'entité qui était prête à signer le testament d'être présente. Tout ce qu'elle avait à faire était de demander dans sa tête, pas à voix haute. Rien de fabuleux, une simple requête. De cette façon, elle serait capable d'obtenir ce qu'elle recherchait.

Robin m'a demandé s'il y avait une façon de faire partir les autres entités présentes avec sa mère.

Je lui ai dit oui, tu peux déblayer les entités, mais si la personne a des engagements envers ces entités, elle aura tendance à ne pas laisser les entités s'en aller, en particulier si elle ressent que les entités l'aide et lui tient compagnie d'une certaine façon. Et c'était le cas pour sa mère et ses entités. La mère de Robin avait apparemment une entité qui se chargeait de ses finances. Je sais que ça peut paraître bizarre, mais c'est ce qui se passait. Tout ce qui avait été nécessaire, était que sa mère décide à un moment donné qu'elle ne voulait pas s'occuper d'argent ou qu'elle était incapable de le gérer ou quelque chose du genre, et voilà ! Un autre être pouvait le faire pour elle.

Nous avons terminé la session avec Robin passablement étonnée mais prête à essayer ces nouvelles informations.

Elle m'a rappelé quelques jours plus tard et m'a dit qu'elle était passée chez sa mère, avait demandé à l'entité qui était prête à signer le testament d'être présente et, contre toute attente, sa mère a signé le nouveau testament.

Alors voilà un petit truc. Quand vous avez affaire à quelqu'un de difficile, demandez à l'être qui vous donnera ce que vous désirez d'être plus présent. Bizarre mais vrai.

Au Country Club

La Sunshine Coast, à l'Est de l'Australie, est l'un des endroits les plus époustouflants de notre planète avec des kilomètres de plages dorées et un territoire intérieur majoritairement vierge. J'ai passé pas mal de temps dans cette région au fil des années et un soir en particulier, j'ai été invitée par des amis au Country Club et Golf près d'une route appelée Murdering Creek road (la route du ruisseau des meurtres). Je ne plaisante pas, ce lieu s'appelle vraiment ainsi. Vous pouvez imaginer comment ce lieu a pu prendre ce nom avec tous les Aborigènes et les bons vieux Anglais (Toutes mes excuses, messieurs les Anglais, mais vous savez ce que vous avez fait.)

Lorsque je suis arrivée à cette fête, le soleil était en train de se coucher et il y avait une douce et chaude brise qui soufflait. Tout le monde était content de retrouver des gens connus sur place et les festivités battaient leur plein.

J'ai commencé par bien m'amuser comme tout le monde, mais plus le temps passait, plus je me sentais contrariée, mal et pratiquement paranoïaque. Je n'arrivais pas à trouver ce qui m'embêtait à ce point-là. J'avais l'impression que tout le monde était contre moi et il fallait que je sorte. J'ai commencé à me sentir comme si j'allais commencer à pleurer à chaque fois que quelqu'un m'adressait la parole, et comme je ne trouvais pas de solution à mon état d'esprit, j'ai décidé de partir.

Alors que je me dirigeais vers la porte, deux filles que je connaissais de vue sont passées à côté de moi, et m'ont demandé avec un faux accent aborigène jovial si je voulais les rejoindre à l'extérieur pour fumer une cigarette.

Je ne voulais pas fumer, mais je me sentais complètement obligée de les suivre. Alors je les ai suivies jusqu'à l'autre bout du parking et je me suis assise dans l'ombre nocturne d'un grand eucalyptus. Les filles continuaient à plaisanter entre elles avec un accent aborigène bien lourd, et elles ont fini par réaliser que je les regardais ébahie. Elles pensaient que je m'offusquais de leur jeu, mais ce n'était absolument pas ça. Alors qu'elles plaisantaient, j'ai finalement réalisé ce qui ce passait avec ma mauvaise humeur. Il y avait littéralement des milliers d'esprits d'aborigènes qui se tenaient autour du Country Club. Je ne sais toujours pas pourquoi cela m'a pris si longtemps pour les remarquer de façon cognitive. Dès que j'ai réalisé combien d'êtres se tenaient devant moi, je pouvais à peine voir au-delà d'eux.

Il va sans dire qu'aucun ne semblait très heureux, ce qui créait une grande part de ma mauvaise humeur. A partir de ce soir-là, j'ai pu repérer et identifier consciemment quand j'avais affaire à de grands groupes d'êtres qui n'avaient plus de corps grâce à cette humeur. D'une certaine façon, cette humeur massacrante, paranoïaque était mon canari dans une mine de charbon, pour ainsi dire. Cela m'indiquait toujours quelque chose dont je devais prendre plus conscience. Si j'avais ce genre de sentiments spécifiques, je savais que j'avais affaire à un grand groupe d'entités. Je ne suis pas exactement sûre pourquoi cette humeur était, et est, le signe que j'ai affaire à un grand groupe de fantômes, mais c'est le cas. J'ai juste appris à reconnaître les signes pour mieux voir ce qui se passe et où je mets les pieds.

Dès que j'avais reconnu tous les êtres qui m'entouraient, qui avaient fait tout leur possible pour que je les remarque d'une façon ou d'une autre, je leur ai simplement dit qu'ils pouvaient s'en aller. Et instantanément mon humeur a changé. J'ai retrouvé ma clarté, je suis devenue heureuse, comme si un nuage d'orage s'était envolé.

Dès que j'ai reconnu ce qui se passait et que j'ai été capable de faire un déblayage simple, l'énergie a complètement changé. J'aime quand je suis capable d'arriver au but de cette façon. Et c'est étonnant à quel point c'est extrêmement facile de résoudre ce genre de situations. Tout ce dont nous avons besoin est notre présence consciente et les outils pour changer ce qui est devant nous.

La visite d'une vieille amie de la famille

Mary Wernicke, une vieille amie de la famille, a fait partie de ma vie depuis toute petite. Elle était un peu comme une grand-mère pour moi. Elle est morte de vieillesse après avoir passé les dernières années de sa vie dans la maison de Gary. J'ai pris soin d'elle pratiquement jusqu'à la fin de sa vie. Et comme elle a souffert pendant longtemps, c'était un soulagement pour Mary et toute la famille le jour où elle est morte.

Un matin, peu après la mort de Mary, j'étais seule au lit dans ma maison. La maison avait des sols en bois qui craquaient et grinçaient régulièrement. Je m'étais familiarisée avec le bruit particulier qu'ils faisaient lorsqu'une entité était dans la maison. J'ai entendu quelqu'un bouger dans mon salon et j'étais un peu choquée. Je me sentais à l'aise avec la plupart des entités, arrivée à ce point-là de ma vie, mais de temps en temps un esprit pouvait m'envoyer une onde de choc et de peur en moi. Cela ne pouvait être qu'un esprit puissant qui ne demandait rien de moins que toute mon attention.

En suivant les conseils que j'avais donnés à tant d'autres, je me suis forcée à baisser mes barrières face à cette entité. Contre toute attente, l'esprit de Mary a passé sa tête à travers la porte de ma chambre. Un moment plus tard, elle était assise sur le lit et elle a mis sa main sur le mienne. Elle m'a demandé comment je me sentais et elle m'a envoyé l'énergie la plus bienveillante qui soit. Elle m'a donné l'impression que j'étais totalement aimée et reconnue. Elle venait de traverser une agonie et une mort difficile et elle est venue me voir pour me demander comment je me sentais ?! C'était le genre de personne que Mary était quand elle était en vie, et elle l'était encore dans l'après-vie. Elle m'a remerciée d'avoir pris soin d'elle avant sa mort. Elle m'a dit qu'elle allait quitter ce plan maintenant, ce qui veut dire qu'elle allait quitter cette réalité ou le monde tel que nous le connaissons. Elle voulait juste faire une dernier au-revoir.

C'était un échange d'énergie le plus doux, plein de gratitude, bienveillant et expansif qui soit, et puis elle est partie aussi vite qu'elle est arrivée. Cette dernière visite a duré environs deux minutes. Je sais maintenant que si je lui avais résisté, en me basant sur mes peurs, cela aurait été injuste envers elle et lui aurait rendu le processus pour s'en aller plus difficile. Elle aurait dû essayer de plus en plus fort juste pour m'atteindre, pour me remercier et me dire au-revoir.

Le pendant de résister à quelqu'un est de s'accrocher à quelqu'un qui veut s'en aller. Si nous nous accrochons à une personne et que nous ne voulons pas qu'elle s'en aille, cela rendra les choses plus difficiles pour la personne en transition de trouver clairement le chemin vers l'autre côté, à cause des interférences de toutes nos pensées, émotions et sentiments.

Comment les entités peuvent nous aider

Durant la Grande Dépression, alors que de nombreuses personnes vivaient dans la pauvreté extrême, il y en a quelques-uns qui ont utilisé la situation économique à leur bénéfice et se sont par conséquent fait de l'argent. Dans un paysage où tout le monde voyait une dévastation économique, les gens qui étaient prêts à avoir un point de vue différent voyaient des possibilités.

D'une façon similaire, les gens qui sont prêts à avoir un point de vue différent concernant la mort s'ouvrent à des informations disponibles au-delà de ce que nous croyons être réel et correct dans cette réalité. Ils peuvent utiliser les informations que les entités leur donnent pour créer quelque chose de plus grand que les gens qui ne sont pas prêts à percevoir ces réalités.

À une période, je vivais dans un appartement avec des voisins du dessus très bruyants. Ils mettaient de la musique très forte jusqu'à tard dans la nuit. J'avais fait les choses habituelles comme leur demander continuellement de baisser la musique, mais ils l'ont ignoré, car ils ne le voulaient vraiment pas. Une nuit, alors que j'étais couchée dans mon lit, j'ai pensé que j'allais tenter ce truc des entités. J'ai demandé aux entités de l'appartement du dessus si elles pouvaient éteindre la musique. Juste à ce moment-là – boum – la musique s'est arrêtée et ne s'est pas rallumée de toute la nuit.

Bien sûr, j'ai d'abord pensé que c'était « juste une coïncidence ». La nuit suivante, la musique était à nouveau à fond, j'ai pensé que j'allais à nouveau demander de l'aide à mes amies entités. Tout comme la soirée précédente, la musique s'est immédiatement arrêtée ! Cela a duré des semaines jusqu'à ce que l'électricité de mes voisins ait dû être réparée. Réaliser ça m'a époustouflée (je ne suis pas sûre de ce qui a fait sauter le système électrique), et cela n'a fait que renforcer mes prises de conscience que les entités sont autres choses qu'un rêve et qu'elles existent dans le monde que nous partageons.

Depuis, j'ai essayé d'obtenir tout un tas d'autres résultats spectaculaires en demandant de l'aide aux entités pour tout un tas d'autres choses ; parfois ça marche, parfois non. Ce que je veux, c'est ce que je veux, mais mes requêtes ne seront pas toujours honorées ou satisfaites immédiatement. Parfois il y a d'autres forces en jeu qui exigent autre chose qu'un « je veux ». Plus je suis investie dans un résultat, moins cela a de la chance de se terminer comme je le veux. La plus grande magie arrive d'habitude quand je ne me marche pas sur les pieds. Quand nous sommes prêts à demander de l'aide et de le faire sans investissement énergétique / émotionnel de comment cela va se terminer, c'est de cette façon que nous recevons le plus.

Un autre exemple cool de l'aide que peuvent nous apporter les entités est montré dans le film « Le Sixième Sens » avec Bruce Willis. Dans ce film, un jeune garçon a la capacité de voir les fantômes des gens qui sont morts, et dans la plupart des cas de morts épouvantables. Bien sûr, c'est présenté version Hollywoodienne avec beaucoup de musique effrayante.

Au début du film, nous rencontrons le personnage incarné par Bruce Willis qui est psychologue pour enfants, ainsi qu'un jeune garçon. Nous apprenons rapidement que ce garçon a la capacité de voir des « personnes mortes », et cela le traumatise beaucoup. Alors le cher Bruce commence à chercher comment il peut aider l'enfant. Bien sûr qu'au départ, il ne croit pas que l'enfant voit « des personnes mortes », mais finalement il réalise que l'enfant les voit vraiment. Bruce, dans sa sagesse infinie, commence à encourager l'enfant à parler aux esprits et découvrir ce qu'ils veulent. Dès que l'enfant commence à les assister consciemment, la vie du garçon s'améliore. Cela lui permet de trouver la paix et d'aider les entités. A la fin, nous découvrons que le personnage joué par Bruce Willis est, en fait, une entité. Si le garçon n'avait pas été prêt à écouter les entités, il serait passé à côté de l'aide que l'une d'entre elles pouvait lui apporter.

J'espère qu'à ce point de votre lecture, vous avez reconnu le schéma que je tente de souligner. Ces fantômes n'ont pas à vous faire peur. Votre conscience de ces entités est une source pour enrichir votre vie et la vie de ceux qui vous entourent.

A quoi ça ressemblerait d'embrasser la puissance de percevoir au-delà de vos cinq sens, et d'accéder à un champ d'énergie potentielle infinie ?

La plupart des gens qui me demandent une session ont deux questions : « Est-ce que j'ai des entités ? » et « Que disent-elles ? »

Se rendre compte que vous avez des entités et découvrir ce qu'elles ont à dire peut être très important, et ce n'est malgré tout qu'une toute petite part d'un très grand gâteau.

Communiquer avec les entités et entendre ce qu'elles ont à dire, pour obtenir un message spécifique par exemple, peut être très réconfortant et important. Mais je crois aussi que c'est une part très petite de ce qui est possible. Les gens ont tendance à totalement nier les autres énergies qui nous arrivent au travers des entités parce que cela ne correspond pas à ce à quoi le monde devrait ressembler selon eux. Les gens peuvent passer à côté de tellement de choses en s'attendant à ce que les conversations avec les entités ressemblent à celles qu'ils ont avec les vivants. Communiquer avec les entités requiert des muscles complètement différents de ceux utilisés pour parler et créer des liens avec les personnes. Vous n'utilisez pas les mêmes muscles quand vous vous penchez en avant ou en arrière. Vous ne pouvez pas communiquer avec les entités en utilisant les mêmes muscles que vous utilisez quand vous parlez aux gens.

C'est une des raisons principales qui fait que les gens sont frustrés quand ils « essaient » de parler aux entités. Ils pensent qu'ils n'en sont pas capables alors que ce qu'ils font c'est essayer de soulever une altère avec leur lobe d'oreille. Cela marcherait bien mieux s'ils utilisaient leurs mains.

Communiquer et interagir avec les entités est bien plus spacieux et énergétique que communiquer avec les gens. C'est pourquoi communiquer avec les entités peut te donner accès à tellement d'espace et de liberté. S'ouvrir à cet espace peut être très thérapeutique et guérissant. Cela peut affecter ceux qui sont de ce côté, tout comme ceux qui sont de l'autre côté également. Parfois, l'important n'est pas tant le message qu'une entité a à transmettre que l'énergie qu'elle a à donner.

Cela ressemble plus à recevoir le vent qui souffle tout autour de vous, plutôt que d'essayer de comprendre ce que le vent veut dire en soufflant tout autour de vous.

La plus grande part du gâteau est la volonté de recevoir tout ce que les entités ont à offrir. Cela ressemble beaucoup à ce que la nature et le vent ont à offrir. La nature n'a pas de pensées cognitives ou d'idées rationnelles à nous offrir. La nature nous offre une sensation d'espace et de paix, une sensation de guérison et de liberté. Beaucoup d'entités peuvent être ceci pour nous si nous sommes ouverts à le recevoir. Les entités nous offrent l'opportunité de voir au-delà de ce que nous pensons être réel. Elles nous assistent pour développer notre muscle télépathique. Elles nous font questionner nos réalités et percevoir de façon différente que ce à quoi nous sommes habitués.

L'un des plus gros blocages à recevoir des entités est la peur très commune que nous en avons. Mon opinion est que la peur si répandue des entités est du lavage de cerveau. Je sais que l'expression « lavage de cerveau » peut sembler extrême et déplaisante, mais c'est fondamentalement ce à quoi nous devons faire face. Les gens ne savent même pas pourquoi ils ont peur des entités ; ils savent juste qu'ils ont la trouille.

Le lavage de cerveaux vient des films, TV, médias, membres de la famille, amis et religions. Si vous croyez ce que vous voyez dans les films d'horreur concernant les entités, est-ce que vous croyez aussi au Père Noël et au Lapin de Pâques ? Vous voyez ce que je veux dire ?

Le seul problème concernant les entités est à cause de l'inconscience que les gens projettent sur toute cette situation. Devenez plus conscients et les entités vont suivre.

Si vous désirez véritablement devenir plus conscients, communiquer avec les entités est une façon excellente d'y arriver. Communiquer avec les entités est un exercice comme nul autre. Si vous n'êtes pas en forme, cela peut être inconfortable et difficile pour commencer, mais plus vous allez le faire, plus cela deviendra facile. Cela deviendra une contribution de plus en plus grande à votre vie, comme n'importe quel autre exercice pour entretenir votre santé.

Si quelqu'un dans votre vie meurt et a l'impression d'avoir un passif avec vous, il y a de grandes chances qu'il ou elle vienne à vous pour essayer de résoudre la situation. Si vous l'ignorez ou refusez de le percevoir, cela ne le fera pas partir. Cela le fera travailler encore plus dur pour accéder à vous, peu importe combien de vies ça peut prendre.

Percevoir, recevoir, communiquer et être avec les entités peut être aussi facile que laisser passer le vent dans vos cheveux ou plonger dans l'eau. Cela ne demande pas d'effort. D'accord, peut-être que plonger dans l'eau demande un peu d'efforts, mais dès que vous apprenez à nager, vous n'y pensez plus ; vous le faites tout simplement. Et si faire en sorte que le monde des esprits fasse partie de votre réalité et votre vie était aussi facile que vous faites la brasse ? Et qu'est-ce que ça pourrait ajouter à votre vie que vous n'avez jamais réalisé ?

L'entité qui a causé le cancer

Christine, une jolie femme de quarante-deux ans un peu rondelette est venue me voir concernant sa mère. Elle m'a dit qu'elle avait entendu parler de moi et était curieuse. Elle ne semblait pas nerveuse ou contrariée malgré le fait qu'on lui avait récemment diagnostiqué un cancer du sein, le même qui avait tué sa mère une année auparavant.

Au moment où Christine s'est assise dans le fauteuil, j'ai perçu sa mère très intensément tout autour d'elle. Christine ressemblait beaucoup à sa mère, en plus jeune et plus heureuse.

Elle pensait que sa mère était bien là et voulait une confirmation, et c'est ce que j'ai fait. Sa mère était non seulement tout autour d'elle, mais elle cherchait désespérément à communiquer avec sa fille.

Quand une entité veut vous parler et que vous n'écoutez pas ou ne pouvez pas entendre ou ne savez pas que vous êtes en train de l'écouter, l'entité va devenir de plus en plus invasive pour essayer d'obtenir votre attention.

Les signes que vous êtes envahi par une entité peuvent être très différents. Vous pouvez avoir des maux de tête, maux de dos, toux, démangeaisons, frissons, stress, émotions soudaines ou maladies, etc. Cela peut arriver de cette façon-là.

Pour Christine, cela se manifestait par le cancer du sein dont sa mère était morte. La mère de Christine essayait si désespérément d'obtenir l'attention de Christine, que par sa proximité, sa fille se mettait à dupliquer sa vibration comme lorsque deux diapasons se mettent à vibrer à la même fréquence. En unité nous percevons, savons, sommes et recevons tout, que ce soit les pensées et sentiments des gens ou les pensées et sentiments des entités, que nous en ayons conscience ou non. Lorsque vous êtes dans la file d'un supermarché derrière quelqu'un qui est en colère ou triste, vous pouvez vous sentir soudain en colère ou triste, et vous supposez que ce sont vos sentiments. Au lieu de demander à qui ces sentiments appartiennent, vous présupposez que ce sont les vôtres. Nous sommes affectés et nous affectons tout et chacun par notre énergie.

Je vous raconte cette histoire pour que vous puissiez voir l'impact dynamique que les entités peuvent avoir, même si elles n'ont pas de corps. C'est même prouvé scientifiquement, si cela fait une différence pour vous. Alors même que vous lisez ces mots, votre corps réagit à ce que vous lisez par des fréquences énergétiques et la production d'éléments chimiques. Vous (peu importe qui « vous » êtes) affectez votre corps, les corps des autres personnes, le fauteuil sur lequel vous êtes assis, l'arbre que vous regardez, la terre et tout l'Univers avec vos pensées et vos émotions. Il se peut que ce soit une nouvelle pour vous si vous avez vécu toute votre vie à penser que vous n'étiez qu'un pauvre petit être humain sans aucun pouvoir ni capacité.

Si tout le monde devenait conscient de comment il affecte et crée les choses, comment serait le monde ?

Lorsque vous êtes énervés, vous détruisez non seulement votre corps, mais aussi la terre. J'espère que cela vous fera réfléchir à deux fois avant d'être malheureux ou en colère. Je sais que vous avez de nombreuses raisons et justifications pour ces sentiments, mais est-ce qu'ils valent la peine de détruire la planète ?

De l'autre côté, si vous admirez et avez de la gratitude pour quelqu'un ou quelque chose, cela va grandir et vous vous sentirez de mieux en mieux.

Vous avez le pouvoir. Si vous ne vous sentez pas bien, examinez vos pensées et les choix que vous faites – ou les choix que les personnes qui vous entourent sont en train de faire et que vous captez et cristallisez dans votre corps.

Christine faisait exactement ça. Elle dupliquait les énergies de sa mère, ces énergies qui avaient créé le cancer dans le corps de sa mère.

Je l'ai fait remarquer à Christine qui en est restée abasourdie alors que cette nouvelle réalité changeait le paysage de son monde.

Puis je lui ai dit qu'elle pouvait défaire tout ça si elle le choisissait.

J'ai commencé à lui dire qu'elle pouvait demander à sa mère de se tenir un peu plus loin de son corps. Lorsque nous n'écoutons pas les esprits, ils ont tendance à se rapprocher de plus en plus, comme si ça allait nous aider à les entendre mieux. C'est comme hurler dans l'oreille d'un sourd ; peu importe à quel point vous hurlez, il ne vous entendra pas. Donc vous devez trouver une façon différente de communiquer, avec le langage des signes ou par écrit. Si vous avez de la peine à communiquer avec les entités, que vous savez qui tente de vous contacter, essayez une façon différente d'écouter. Essayez d'écouter, non seulement avec vos oreilles, mais avec votre présence consciente.

Dès que l'esprit de sa mère s'est éloigné du corps de Christine, Christine s'est immédiatement sentie mieux, comme vous pouvez l'imaginer. Cela a permis aussi à Christine un choix en la matière, ce qui lui a donné une sensation de pouvoir plus important.

Avec l'espace qu'elle a créé, Christine pouvait ressentir sa mère plus clairement. Elle s'est donnée la permission d'avoir la réalité que sa mère était présente avec elle. Je l'ai encouragée à avoir sa propre communication avec sa mère au lieu de se reposer sur moi pour toutes les réponses. Être utilisée comme une table de Ouija ou une diseuse de bonne aventure a toujours été un de mes dadas. J'ai toujours essayé de guider et enseigner aux gens comment communiquer avec les morts par eux-mêmes pour qu'ils repartent avec leurs propres outils, pas juste une expérience. Christine était très adepte de ça ; elle était capable d'entendre et percevoir sa mère mieux qu'elle ne l'avait jamais cru possible.

J'ai demandé à Christine si elle réalisait que le cancer du sein qui se manifestait dans son corps pourrait en fait être celui de sa mère. Et bien que ce soit pour elle un grand pas à franchir, elle a vu que oui, cela pourrait être vrai.

Avec mes encouragements, Christine a commencé à percevoir à quel point sa mère avait besoin d'elle et à quel point elle se reposait sur Christine. Pour elle, c'était une épiphanie parce qu'elle se sentait si épuisée et fatiguée depuis la mort de sa mère. En réalisant ceci, cela a éclairé et allégé beaucoup de choses.

A partir de cette nouvelle prise de conscience, elle a été capable de demander simplement à sa mère d'arrêter. Et c'est avec ça que sa mère s'est rendue compte de ce qu'elle faisait. Croyez-le ou non, sa mère n'avait pas conscience de l'impact qu'elle avait sur sa fille. Juste parce qu'elle était un fantôme ne veut pas dire qu'elle était plus futée ou plus consciente que nous. Christine et sa mère ont toutes les deux reçu quelque chose de cette séance.

J'ai demandé à Christine si elle voulait que sa mère parte ou reste. Peu importe les prises de conscience que Christine pouvait avoir dans cette situation, le désir qu'elle avait de garder la présence de sa mère maintiendrait son emprise sur sa mère. Christine a réalisé qu'elle espérait inconsciemment que sa mère ne la quitterait pas. J'ai demandé à sa mère si elle désirait continuer son chemin, et elle ne semblait pas savoir qu'il pouvait y avoir un ailleurs où aller, ni où aller. J'ai les ai informées toutes les deux qu'il n'y avait pas besoin d'aller plus loin, mais que c'était un choix qui pouvait changer beaucoup de choses pour toutes les deux, et quand elles seraient prêtes, elles pourraient en faire le choix.

J'ai montré à la mère de Christine l'espace où j'avais vu d'autres entités s'en aller. Ce que certains appellent aller vers la lumière. D'une façon ou d'une autre, cela lui était complètement passé à côté.

Au lieu que cette session se soit terminée par une conclusion, elle s'est ouverte sur de nouvelles possibilités. Christine et sa mère ont toutes les deux été épatées et ébranlées.

Christine m'a appelé quelques jours plus tard et m'a informé qu'elle et sa mère avaient trouvé la paix l'une avec l'autre et sa mère s'en était allée. Je pouvais sentir qu'il était difficile pour Christine de penser que sa mère était partie, mais elle était également intensément soulagée d'avoir son espace et son corps uniquement pour elle-même.

Je lui ai demandé qu'elle refasse un contrôle chez le médecin avant de commencer les traitements de chimiothérapie concernant « son » cancer du sein. Elle a été d'accord, mais elle a ri à la possibilité que son cancer puisse tout simplement disparaître.

Elle a fait son contrôle et contre toute attente, le cancer avait disparu ; je ne plaisante pas !

La morale de l'histoire : si vous avez un problème, demandez à qui cela appartient, car il se peut que cela ne soit pas à vous.

Une maison hantée en Suède

J'étais à Perth, en Australie en 2005 et j'animais un atelier sur la conscience et les entités.

J'aime travailler en Australie. Je trouve que les gens là-bas sont ouverts d'esprit et faciles à être en leur présence. Les Australiens sont connus pour leur esprit décontracté et libre. Le mot d'ordre national est « Pas de problème. »

Un exemple flagrant de cet état d'esprit a eu lieu lorsque je volais vers Sydney pour la première fois. L'avion est passé dans un trou d'air et est tombé d'une dizaine de mètres. Tous les Américains dans l'avion hurlaient de terreur et tous les Australiens ont crié « youhou ! » J'ai pensé « wow, je viens du mauvais pays. » Perth est un endroit à l'écart, la ville la plus isolée du monde. On a l'impression que chaque jour est un dimanche.

Il y avait de nombreux Australiens dans cette classe ainsi qu'un couple de Suédois, Birgitta et Peter.

Birgitta a levé la main et m'a posé des questions concernant sa maison familiale dans le sud de la Suède dont sa mère était encore propriétaire et qu'elle cherchait à vendre. Pour des raisons qu'elle ne pouvait pas comprendre, personne ne s'intéressait à l'acheter, même si c'était une propriété désirable.

Au moment où je me suis connectée à la maison, je pouvais dire qu'elle était très hantée. Parfois, la raison pour laquelle certaines maisons ou propriétés ne se vendent pas, même si leur prix est en deçà du marché et sont une bonne offre, est parce qu'elles sont hantées.

Avez-vous déjà vu la vitrine d'une boutique qui n'arrête pas de changer d'occupants ? Peu importe qui occupe les lieux, ils finissent par quitter les lieux. C'est très souvent à cause du fait que les lieux sont hantés et que l'entité qui hante ces lieux pousse les occupants à s'en aller.

La maison de Birgitta était dans cette famille depuis le début du siècle passé et personne n'y habitait plus depuis un certain temps. J'ai demandé à la classe s'ils voulaient apprendre comment libérer une maison à distance et tout le monde était très intéressé. J'ai commencé à montrer comment on faisait, mais contre toute attente, je n'arrivais à rien en déblayant cette maison. D'habitude, j'avais beaucoup de succès à déblayer les entités à distance, mais pas pour ce lieu. Je ne comprenais pas pourquoi. J'ai plaisanté avec Birgitta en lui disant qu'il me faudrait me rendre sur place pour m'occuper de ce lieu.

Comme par hasard, deux semaines plus tard, je sortais d'un avion à Copenhague, au Danemark, et je marchais au travers du lobby de l'aéroport et des magasins pimpants de duty free. J'ai donné mon passeport aux services officiels de l'immigration en lui disant que j'allais rendre visite à des amis. Je n'ai pas mentionné que certains de ces amis étaient morts. A partir de l'aéroport, j'ai sauté dans un train qui m'a emmené directement au travers du détroit qui sépare le Danemark de la Suède. Les yeux brillants, Birgitta est venue me chercher au premier arrêt. Nous avons conduit jusqu'à la périphérie de Malmö, en passant au milieu des champs bordés d'arbres nouvellement habillés de leur vert printanier, jusqu'à une petite ville où se trouvait cette maison de famille.

Bien que notre intention était de déblayer cette maison de ses entités, je devais approcher cette tâche sans aucune attente de résultat. Est-ce que toutes les entités du lieu seraient prêtes à s'en aller ? Est-ce que la maison finirait par se vendre après le déblayage ? Et bien entendu, est-ce que Birgitta obtiendrait ce qu'elle désirait de ce moment que nous allions passer ensemble ?

Bien que Birgitta désirait déblayer les entités de cette maison, je savais que je ne pouvais pas garantir que c'est ce qui se passerait.

Juste parce que *nous* désirions que les entités quittent la maison ne voulait pas dire que c'est ce qu'*elles* voulaient. Nous pourrions rencontrer une entité qui s'était, par exemple, engagé à garder la maison et n'était pas prête à abandonner cet engagement. Parfois nous pouvons convaincre certaines entités d'abandonner les jobs envers lesquels elles étaient engagées, parfois ce n'est pas possible. D'habitude, avec suffisamment de conscience, il est possible d'arriver à quelque chose.

La maison était dans une petite ruelle entourée d'autres maisons. Comme d'autres vieilles maisons inhabitées, elle dégageait une sensation de tristesse, comme si la maison se sentait seule. En plus de la maison principale, il y avait une grange en pierre avec un sol en ciment et trois pièces à l'étage. La grand-mère de Birgitta utilisait la grange pour extraire le miel de ses abeilles. C'est ce premier lieu qui a attiré mon attention.

J'ai su instantanément que quelqu'un était mort dans cette grange. Bien que l'esprit de la personne qui était mort dans la grange n'était plus dans cette grange, je pouvais dire que la mort avait eu lieu ici. La grange se souvenait de l'événement et me le faisait savoir par un télégramme énergétique que je recevais dans ma tête. Puis j'ai pensé « est-ce qu'il y a également quelqu'un enterré sous cette grange ? »

Birgitta était réticente à me parler de l'histoire de la grange, parce qu'elle avait peur que cela me fasse flipper. Je lui ai dit que cela n'avait pas d'importance qu'elle me raconte l'histoire ou non, je pouvais percevoir tout cet événement se dérouler devant mes yeux. Est-ce que c'était une bénédiction ou une malédiction ? Je n'en suis pas sûre.

Ce que je percevais c'était du sang et de la colère. Je suis sûre qu'inconsciemment je bloquais beaucoup de détails. J'étais capable de laisser passer juste assez d'informations pour savoir ce qui se passe, mais pas trop pour ne pas paniquer. Parfois, voir la mort de certaines personnes et ressentir leurs sentiments dans ce processus étaient trop d'informations.

Apparemment, au moment des événements la mère de Birgitta et sa tante faisaient commerce du miel et utilisaient la grange pour cette production. Elles avaient emprunté une grosse machine à une femme, une autre apicultrice du village. Cette femme s'est présentée à la ferme un jour en demandant avec impatience son appareil. La machine était lourde et grande, et elle était stockée sous les combles de la grange. Aucun des hommes de la famille n'étaient à la maison à ce moment de la journée, et la mère de Birgitta a tenté de persuader cette femme d'attendre jusqu'à ce que quelqu'un de plus fort soit à la maison et puisse déplacer la machine dans les escaliers raides. La femme n'était pas d'accord et a insisté en disant qu'à elles trois, elles étaient capables de la porter en bas des escaliers. Alors que les trois femmes tentaient de déplacer la machine par elles-mêmes, la femme exigeante à glissé dans l'escalier, s'est ouvert la tête sur le sol en ciment et s'est vidée de son sang avant de mourir. Son esprit avait quitté les lieux depuis longtemps ; la conscience du lieu me donnait toutes ces informations, et non l'esprit de cette femme. Voyant qu'il n'y avait pas d'entité à déblayer de cet événement, nous sommes passées dans la maison.

Nous avons commencé dans le vestibule, une petite pièce avec un porte-manteau et un salon de chaque côté. J'ai commencé à montrer à Birgitta comment utiliser les outils pour détecter où se trouvaient les entités, comment les déblayer et savoir qu'elles s'en étaient allées. Elle était excitée à la perspective de voir des entités et d'être capable de les déblayer. Je lui ai demandé de faire confiance à sa première impression et nous avons commencé à partir de là.

Elle m'a montré la partie gauche de la pièce, et j'ai validé qu'effectivement, il y avait un être qui se tenait là. Je lui ai recommandé d'utiliser les simples questions de déblayage et pouf ! Cet être s'en est allé. Dans ce cas-là, il n'avait pas été nécessaire de parler à l'entité ou lui poser des questions. Dès que nous avons reconnu sa présence et utilisé des outils très simples, elle s'en est allée.

Très excitée d'avoir été capable de percevoir que cet être soit parti, Birgitta et moi avons porté notre attention à la prochaine entité qui se tenait dans le vestibule. Nous avons déblayé plusieurs entités dans cette petite pièce, puis nous sommes parties travailler dans le reste de la maison.

Dès que nous nous sommes retrouvées dans le salon, j'ai reconnu qu'il y avait une entité plus forte que celles que nous avions rencontrées dans le vestibule. Cette présence était plus palpable. Je savais que cela nous offrirait quelque chose d'intéressant avec lequel travailler, mais j'ai laissé Birgitta faire l'analyse de la pièce avant de mentionner quoi que ce soit. J'ai demandé à Birgitta où elle voulait commencer et elle a pointé instantanément vers un fauteuil trapu où une entité était assise. Cette entité était une jeune fille blonde qui avait l'air d'avoir sept ou huit ans. Elle portait le genre de robe blanche courte qui aurait été à la mode dans les années 30. Elle était joviale et semblait aussi préoccupée, et je n'arrivais pas à discerner ce qui la préoccupait.

Birgitta et moi avons simplement tenté de la déblayer, mais sans succès. J'ai demandé à l'esprit de la fillette si elle voulait rester ou si elle voulait quitter la maison, et elle m'a informé qu'en fait, elle voulait bien partir mais qu'elle n'en avait pas la permission. J'ai expliqué à Birgitta ce que je captais et elle m'a répondu « c'est très étrange. » Elle m'a emmené dans la pièce suivante où il y avait la photographie de cette petite fille des années 30. Puis Birgitta a farfouillé dans un tiroir et m'a montré une photo de cette fille dans un cercueil dans le salon de cette maison. Cette fillette était la petite cousine de Birgitta au deuxième ou troisième degré. Elle est morte d'une fièvre à un très jeune âge et on avait tenu sa veillée funèbre dans cette maison. Cela m'expliquait pourquoi elle était là, mais pas pourquoi elle n'avait pas l'autorisation de s'en aller.

Parce que rien de ce que je faisais me permettait de libérer cet être, nous l'avons laissé tel quel et nous nous sommes dirigées vers la salle à manger. J'ai demandé à Birgitta où elle voulait commencer dans cette pièce, elle m'a immédiatement montré un grand vaisselier en acajou qui se trouvait dans le coin. Nous avons utilisé les questions-déblayages habituels des entités, mais l'énergie de ce meuble ne changeait pas ni ne bougeait. Nous avons commencé à investiguer plus loin et comme je le suspectais, c'était un portail. J'en ai parlé à Birgitta et ensemble nous avons demandé : « est-ce un portail ? » Et nous avons toutes les deux eu un « oui. »

Parenthèse : si vous ne pensiez pas que ce livre était bizarre jusqu'à ce point, cela va le devenir.

Les portails sont des passages ou ouvertures au travers desquels les entités entrent et sortent de cette réalité ou dimension. Si vous ne croyiez pas aux dimensions multiples, la science a prouvé qu'elles existaient, alors autant le croire. Une personne, un endroit ou une chose peuvent être un portail, comme l'armoire dans le livre Le Lion, la Sorcière blanche et l'Armoire magique de la série *Le Monde de Narnia*.

D'habitude, fermer les portails est plutôt assez simple et cela peut créer un changement majeur dans la vie des gens autant que dans leurs espaces de vie. D'habitude, vous pouvez simplement demander au portail de se fermer et il se ferme. Certains portails peuvent aussi avoir une entité de gouvernance et d'astreinte pour maintenir le portail ouvert. S'il y a plus d'une entité de gouvernance et d'astreinte qui maintient le portail ouvert, vous ne serez pas capable de fermer le portail tant que cette ou ces entités ne seront pas enlevées.

Dans ce cas, nous avons tenté de fermer le portail du vaisselier et nous n'y arrivions pas. Cela m'a pris un moment pour faire le lien. L'esprit de la jeune fille blonde dans l'autre pièce était l'entité de gouvernance et d'astreinte pour ce portail. J'ai demandé à la fillette si elle voulait continuer ce job et elle m'a répondu « non. » Tout ce que j'ai eu à faire était de lui dire qu'elle avait fait du bon travail et qu'elle était libre de s'en aller maintenant et pouf ! elle était partie, ainsi que le portail.

C'est intéressant comment, si vous êtes disposé à voir les choses qui « sortent du cadre, » vous pouvez créer tellement de changements avec si peu ou quasiment aucun effort.

Regardez la quantité d'efforts que les gens utilisent pour changer certains aspects de leur vie, comme leurs relations, leur corps ou leur situation financière ; alors qu'il se peut que le problème soit causé dès le départ par des entités.

Nous sommes passés de la salle à manger à la cuisine, où l'énergie partait dans tous les sens. Il y avait une porte qui donnait vers la cour arrière, une porte vers le cellier et deux autres portes qui donnaient sur deux grandes pièces utilisées pour les occasions spéciales ou quand il y avait du monde ; la cuisine était le lieu où la famille passait la majeure partie de son temps. L'énergie de toutes ces activités familiales était encore dans la cuisine. Cela donnait l'impression que c'était aussi chargé que le métro de New York. J'ai ressenti l'énergie d'une vieille dame, mais je ne l'ai pas mentionné à Birgitta. J'attendais de voir si elle la capterait par elle-même.

« Où veux-tu commencer dans cette pièce ? » lui ai-je demandé.

Nous avons déblayé différentes énergies et puis elle a vu quelque chose qui a changé sa vie pour toujours. Jusqu'à ce point, Birgitta n'avait pas consciemment vu une entité. C'est vrai pour la plupart des gens à l'exception de l'un ou l'autre de ces phénomènes quand quelqu'un aperçoit brièvement un être cher décédé ou quelque chose du genre avant de fermer la porte à double tour envers l'entité, que ce soit par peur ou incrédulité.

Birgitta se tenait là, immobile comme un arbre, la bouche grande ouverte et ses yeux lui sortant de la tête.

Elle m'a regardé aussi calmement que possible et m'a annoncé qu'elle venait juste de voir sa grande tante.

« Elle faisait la cuisine pour toute la famille dans les grandes occasions. Oh, ça a du sens ! Elle marchait du cellier à la cuisinière ! »

Birgitta était un peu choquée et continuait à me fixer pour que je valide ce qu'elle venait juste de voir. Je ne pouvais rien faire mise à part rendre aussi non-bizarre et raisonnable que possible le fait qu'elle voyait de ses propres yeux, un fantôme. Alors que c'est pour moi une affaire quotidienne et je n'y accorde pas d'attention, voir ce genre de choses semble vraiment choquer les gens. Nous faisions de gros progrès et la conscience de Birgitta s'ouvrait encore plus, sa sensibilité se réveillait et s'affinait. Elle avait demandé cette possibilité – demandez et vous recevrez.

Elle était épatée qu'elle puisse capter sa grande tante si clairement. J'y ai vu une opportunité d'ouvrir encore plus la présence consciente de Birgitta, donc je lui ai recommandé d'avoir une conversation.

J'ai expliqué à Birgitta que certaines entités ne savent pas qu'elles sont mortes et qu'elles avaient d'autres choix qu'elles pouvaient faire.

Donc, la première question que Birgitta lui a posée était « est-ce que tu sais que tu es morte ? » Et la tante lui a répondu « Mais bien sûr ma chère ! »

Nous lui avons alors demandé « Pourquoi es-tu encore ici ? » « Je cuisine pardi ! »

« Pour qui ? »

Cette question a créé comme un temps d'arrêt dans l'espace de la tante. Elle ne s'était pas posée cette question elle-même ou remarqué qu'il n'y avait personne pour qui cuisiner. C'est le genre de chose qui arrive souvent lorsque des personnes s'identifient à une activité particulière ; elles ne se rendent pas compte qu'elles ont le choix de faire quelque chose de différent, donc elles continuent à faire les mêmes choses après leur mort. Comment est-ce que ça devient encore plus bizarre que ça ?

C'est étrange de voir que les gens croient que lorsque les gens meurent, ils deviennent plus que ce qu'ils étaient lorsqu'ils étaient en vie, ou quelque chose du genre. Ce n'est pas vrai ; souvent les êtres continuent à maintenir les mêmes rôles dans l'après-vie sans même remarquer que les choses avaient changé.

Birgitta et moi sommes devenues la vibration qui inviterait sa grande tante à s'en aller, ce qu'elle a finit par faire. Devenir une vibration pour une entité diffère d'avoir une conversation. Parler avec les gens qui ont des corps prend bien plus de temps. Les entités communiquent très rapidement. Elles transmettent leur communication en un seul téléchargement rapide, pas en phrases linéaires comme nous le faisons dans une conversation. C'est parce qu'elles ne font pas l'expérience du temps et de l'espace comme nous le faisons. Avant d'en avoir fini avec ta pensée, ils répondent déjà. Vous pouvez gérer des concepts et conversations importantes avec les entités en quelques instants ; vous n'avez pas besoin d'utiliser le moindre vocabulaire. Alors nous avons invité la tante de Birgitta à nous quitter par nos vibrations – sans mots, juste la vibration d'une autre possibilité.

Je trouve bien plus facile de communiquer avec les entités de cette façon. Vous pouvez passer à côté de beaucoup de choses si vous essayez de le ralentir au rythme d'une conversation normale.

Avec une entité, vous devez être télépathe, ce qui peut être totalement non linéaire. Les entités me donnent des images et des sentiments en même temps. Elles me transmettent toute l'information en un instant, et j'ai à décoder l'histoire. Si vous avez vu le film *Matrix*, vous comprendrez ce qu'est un téléchargement. C'est là où vous recevez un paquet d'informations instantanément. Avez-vous déjà eu un éclair ou un frisson d'énergie qui vous traverse à des moments aléatoires ? C'est comme un téléchargement. Cela arrive et s'en va très rapidement. Avec les entités, j'ai appris à ralentir le flux et attraper cet instant, d'une certaine façon, pour que je puisse transmettre l'information. Afin de pouvoir faire ce genre de choses, vous devez rester alerte et conscient. Parfois, leur communication peut être vraiment subtile, à d'autres cela peut être très détaillé ou intense.

Afin de vraiment recevoir les communications des entités, vous devez tout d'abord et pour commencer vous faire confiance. Faire confiance que vous n'inventez pas ou que vous n'êtes pas dingue joue un rôle important dans tout ça.

Une fois que nous avons été satisfaites par la cuisine, Birgitta er moi sommes allées dans le reste de la maison, à déblayer de nombreuses autres entités. A la fin de notre tour, nous avions toutes les deux la tête qui tournait à cause de la légèreté et de l'espace que nous avions créé dans cette maison qui était précédemment surpeuplée. Lorsque nous sommes retournées dans la grange pour vérifier s'il restait des entités, nous avons découvert que toutes les entités qui étaient là à notre arrivée s'en étaient allées. Nous avions créé un tel mouvement et une telle énergie dans la maison en déblayant toutes ces entités que les êtres qui étaient encore dans la grange s'en étaient allés simultanément.

Déblayer une maison peut être facile ou un travail intense, mais c'est toujours une expérience où l'on apprend quelque chose. Je suis toujours épatée par le fait que chaque situation soit si unique. Il n'y a pas une seule façon de déblayer les entités, ou en tous cas je ne l'ai pas encore découverte, et il y a tellement de choses étranges qui nous entourent auxquelles je n'aurais pas accès si ce n'était grâce aux entités. Celui qui a dit que la magie n'était pas réelle était un parfait crétin.

Aider ma sœur lors d'u-ne soirée effrayante

Dans notre famille, nous nous référons à ma petite sœur Grace comme « Marilyn Munster »[3] Nous rions du fait que le reste d'entre nous soit si …terrifiant, alors que Grace à l'air si normale. Elle est gentille, polie et adorable. Elle est née avec des cheveux blonds alors que le reste de la famille a des cheveux foncés, presque noirs. Elle est la quatrième de notre fratrie et a toujours été la colle qui nous a maintenus ensemble.

Grace a toujours été capable de projeter ou donner l'apparence d'être « normale » tout en croyant à des choses étranges et hors du commun comme les fantômes ou la conscience, ou ce genre de trucs. Elle y a toujours cru mais n'en a jamais réellement parlé ouvertement. Elle laissait ça à ses parents ou frères et sœurs plus expressifs, qui parlaient à qui voulait l'entendre qu'il y avait des choses bizarres qui se passent dans l'univers. Grace préférait sourire gentiment et laisser les gens arriver à leurs propres prises de conscience et conclusions concernant ces sujets politiquement incorrects dont nous discutions.

---

[3] Marilyn Munster était un personnage dans un sitcom américain des années 60 qui était en fait la seule personne « normale » dans une famille de vampires, goules et loup-garou.

Mais il est arrivé un moment où Grace ne pouvait plus éviter de regarder et gérer certains des trucs bizarres dont sa grande sœur s'occupait.

Il était deux heures du matin un été et j'étais à San Francisco quand je me suis réveillée avec un message de Grace qui était à Santa Barbara.

« Shannon, quand est-ce que tu reviens à la maison ? » m'a-t-elle demandé. « J'ai peur de dormir ici toute seule dans cette maison. » Gary était en déplacement et je savais par expérience personnelle que cette maison, qui était construite près d'une ancienne mission espagnole à Santa Barbara, pouvait avoir une activité d'entités assez importante.

De nombreux Indiens et Espagnols qui ont construit la mission en 1786 ont été enterrés dans la propriété qui se trouve juste à côté de la maison.

De plus, les entités semblent attirées par Gary, qui n'a aucun point de vue à cohabiter avec elles.

Quelques années auparavant, j'avais dormi dans cette maison et j'avais presque été dépassée pas le nombre de visites dont j'avais fait l'expérience. Il y avait un flux constant d'entités qui circulaient dans la pièce, sans compter un gars très présent qui se tenait à côté de mon lit et n'arrêtait pas de parler. Le lendemain j'ai demandé à Gary « comment peux-tu dormir dans cette maison ? Il y a tellement d'entités ! »

Il m'a répondu « Que veux-tu dire par là ? »

« Elle ne te gênent pas ? »

« Non, je ne leur accorde aucune importance, elles ne signifient rien. »

C'était une nouvelle façon de voir les choses pour moi.

Quand j'ai entendu que Grace n'arrivait pas à dormir, je savais exactement ce dont elle faisait l'expérience ; je savais que ce n'était pas son imagination. Je l'ai appelée le lendemain matin pour qu'elle me fasse un rapport de ses aventures nocturnes et de voir comment je pouvais l'aider. Elle m'a dit qu'elle s'était réveillée terrorisée et en sueur. Incapable de joindre qui que ce soit par téléphone, elle est resté réveillée avec la télévision jusqu'à six heures du matin. Dès que le soleil a commencé à pointer, elle a découvert qu'elle pouvait s'endormir.

J'ai commencé par lui demander si ce dont elle faisait l'expérience était en lien avec les entités. Je savais que c'était le cas, et elle le savait aussi, mais en posant la question, elle l'a reconnu à voix haute. Je lui ai demandé si elle voulait que je lui montre comment les gérer.

« Oui » a-t-elle répondu, pas vraiment certaine de vouloir être d'accord avec ça, mais également consciente qu'après avoir passé une telle nuit, il n'y avait pas moyen d'y échapper. Je savais que c'était également une opportunité pour l'aider à apprendre à gérer les entités.

Je lui ai demandé de s'asseoir et de se brancher à l'énergie. En faisant cela, tout ce qu'elle faisait était de dire oui aux esprits afin que l'énergie puisse circuler librement entre eux. Se brancher à l'énergie, ça ressemble à être à la plage ou dans les montagnes et vraiment ressentir les vibrations qui nous entourent. Vous laissez l'espace vous affecter et vous vous en imbibez. Être simplement présent avec quelque chose que ne peut pas parler avec des mots et ressentir cette vibration peut être un bon début.

« Ok, qu'est-ce que tu perçois maintenant ? » « J'ai la tête qui tourne. »

« Bien, » ai-je répondu, « continue comme ça, reste simplement présente. »

La sensation de vertige, c'était parce qu'elle baissait intensément ses barrières envers les entités. Rester présente avec cette sensation de vertige ferait baisser ses barrières encore plus envers ce contre quoi elle résistait la nuit passée.

Fondamentalement, nous ouvrions les portes pour que la conscience puisse venir s'installer.

Elle, comme la plupart des gens, consciemment ou inconsciemment, avait de grandes barrières envers les entités dès qu'elles apparaissaient. La sensation de vertige était le résultat de l'espace qui s'ouvrait alors qu'elle baissait ses barrières. La conscience a une sensation d'espace et cela peut aussi vous faire vous sentir étourdis ou avoir des vertiges. La plupart des gens pensent que c'est quelque chose de mal, alors que ce n'est pas le cas.

Bien entendu, quand je lui ai demandé de se brancher à ce qu'elle percevait des esprits, cela n'est pas apparu sous forme de mots ou d'images, c'est apparu comme un vertige.

Cette sensation ou prise de conscience de vertiges, c'était les entités qui communiquaient avec elle.

Une grande partie du travail que je fais avec les gens et les entités est non-verbal. Simplement en regardant une énergie particulière ou être conscient d'une entité particulière, cela commence à changer. Cela requiert, de la part de toutes les parties impliquées, la volonté d'avoir conscience et reconnaître des trucs très subtils.

Donc nous avons commencé à être présents avec ce qui est, pour que cela puisse nous montrer comment procéder.

En posant ces quelques premières questions, cela nous a permis à toutes les deux de nous ouvrir à l'énergie qui était présentée par ces esprits.

Pour la plupart des gens, ces fluctuations d'énergies sont tellement subtiles qu'ils passent facilement à côté, mais avec de la pratique régulière, chacun peut développer une sensibilité aigüe aux rythmes et mouvements d'énergie. Avec cette sensibilité, la communication télépathique et psychique peut être facilement identifiée et reçue, en particulier avec les entités.

« Cool ! » lui ai-je dit. « C'était ta première communication complète avec une entité. Cela ne veut pas dire que tu as eu des mots ou des pensées, mais c'était tout de même une communication énergétique. »

Elle m'a demandé « C'est tout ce dont ils avaient besoin ? » « Oui. »

« Wow, c'est bien plus simple que ce que j'imaginais. »

Dans ce cas, Grace a communiqué avec les esprits sans mots et certainement sans son mental.

J'ai découvert que la communication avec les êtres incarnés et désincarnés est environs de 10% verbale et 90% non-verbale.

Tout le monde pense qu'il ne peut pas communiquer avec les entités car beaucoup ne peuvent pas les « entendre » ou les « voir ». Cette façon de penser diminue grandement les choses et limite ce qui peut arriver. Si vous reconnaissez l'énergie et les prises de conscience qui ne font pas de sens logiquement, ou sont difficiles à définir, alors comprendre la communication avec les entités devient bien plus facile.

« Combien d'entités demandent encore ton attention ? » ai-je demandé à ma sœur.

Je l'ai senti hésiter. Je lui ai demandé « vas-tu détruire et décréer tous les points de vue que tu as que cela ne peut pas t'arriver et que tu ne peux pas vraiment le faire ? »

« Oui » m'a-t-elle dit.

Je lui ai à nouveau demandé « maintenant, combien d'entités sont là pour que tu t'en occupes ? »

« Beaucoup ! »

« Est-ce qu'elles te veulent parler à toi ou à quelqu'un d'autre ?* « Quelqu'un d'autre. »

Je lui ai dit « Même si la communication que ces êtres veulent avoir n'est pas pour toi, ils peuvent voir que tu peux les entendre. Voilà pourquoi ils viennent vers toi. Si tu reçois l'information, ils vont énergétiquement te le transmettre ou télécharger. Tu n'as pas à entendre le message pour savoir que tu as reçu le message. Tu dois juste avoir conscience de l'énergie. »

« Lorsque que la personne incarnée à qui est destinée le message te passe à côté dans la rue, ou te dépasse sur l'autoroute, te serre la main ou se situe à proximité raisonnable de toi, la communication énergétique va circuler dans leur direction. De cette façon, nous devenons un canal pour les mouvements et échanges d'énergies. »

C'est de cette façon que l'aisance entre dans l'équation. Dès que Grace a réalisé à quel point ça pouvait être facile, elle s'est immédiatement sentie profondément soulagée. Elle pensait qu'elle devait comprendre cognitivement ce que les entités lui disaient. Bien que ce soit une façon de communiquer avec les entités et tout le reste, ce n'est pas la seule façon.

Je l'entendais se demander dans sa tête comment cela allait changer sa vie. J'y ai vu une opportunité pour être plus efficace alors je lui ai demandé « peux-tu parler à un tout un groupe en même temps ? »

« Oui »

« Combien peux-tu gérer d'entités en même temps ? » lui ai-je demandé. « Plus de dix ou moins de dix ? »

« Environs cinq ou six, » a-t-elle dit. « Cool, on va en prendre cinq. »

Je lui ai demandé à nouveau de se brancher et de permettre à cinq entités de télécharger en elle leurs informations en même temps. Je lui ai expliqué que le téléchargement arrive lorsqu'on ne laisse pas son esprit cognitif mettre des bâtons dans les roues, et qu'on se permet de recevoir les informations énergétiques, et qu'elle pourrait ressentir tout un tas de sensations différentes, d'un léger frisson à la sensation d'une forte décharge électrique dans tout le corps.

Grace a commencé à recevoir les informations des entités et nous avons toutes les deux perçu les entités s'en aller les unes après les autres, dès qu'elles avaient fini leur téléchargement, jusqu'à ce que la cinquième ait fini. Tout ce processus n'a pris que quelques instants.

Nous sommes passées au travers de plusieurs groupes supplémentaires. Alors que chaque groupe était déblayé, je ressentais comme un chuintement énergétique quand ils s'en allaient. Nous nous sommes occupées du groupe suivant, qui a été déblayé aussi rapidement et facilement. Il y avait tellement d'entités qui étaient là pour elle car elles savaient qu'elle était disponible pour elles d'une façon que beaucoup d'autres personnes n'en sont pas capables. Elles savaient que Grace pourrait les aider même si elle ne comprenait pas ceci totalement elle-même.

Puis nous avons toutes les deux perçu que nous accédions à quelque chose de plus dense. Grace, qui avait été très calme durant tout le processus, a commencé à paniquer et elle me l'a dit. Alors que j'examinais cette énergie, je pouvais « voir » que nous en arrivions à un être qui était là spécifiquement pour elle. Nous étions en présence d'une entité qui avait quelque chose à lui dire à elle.

« Peux-tu entendre ce qu'elle dit ? » lui ai-je demandé.

Enfilant mon chapeau de détective, j'ai commencé à lui poser des questions pour que nous ayons toutes les deux une plus grande clarté de ce qui devait arriver à cette entité. J'ai commencé par « est-ce que cet être veut obtenir un corps ou quelque chose d'autre ? »

Grace a répondu « avoir un corps. »

Elle a instantanément commencé à avoir mal au ventre et elle m'a donné l'image que cet être voulait être son bébé.

« Est-ce qu'il veut devenir ton enfant ? » lui ai-je demandé.
« Oui. »

Puis j'ai posé la question évidente « est-ce que tu veux avoir un enfant ? »

« Non, non et double non » fut sa réponse.

« Dis-lui : je ne suis pas enceinte et je ne planifie pas de me retrouver enceinte dans un futur proche. Alors si tu veux un corps, trouve-toi quelqu'un d'autre pour créer un corps pour toi. »

Cela ne semblait avoir aucun effet sur les intentions de l'entité. Cela m'indiquait qu'il y avait une partie de la relation que Grace créait inconsciemment. Peut-être avait-elle fait une promesse ou s'était-elle engagée envers cet être dans une autre vie, un truc du genre « je prendrai soin de toi pour toujours », ou « je t'aimerai pour toujours » ou encore « je serai toujours là pour toi. »

Je rencontre tout le temps ce genre de choses. De nombreuses personnes sont entourées d'entités envers lesquelles elles se sont engagées d'une façon ou d'une autre dans d'autres vies. Vous savez, comme lors de la cérémonie de mariage où l'officiant prononce « jusqu'à ce que la mort vous sépare », mais vous êtes un être infini, pouvez-vous jamais mourir ? Tout ce que je sais, c'est que nous pouvons rester sous forme d'entité autour ou à hanter quelqu'un dans d'autres dimensions parce que nous sommes reliés à eux d'une certaine façon.

Cette entité était là, à attendre d'elle qu'elle prenne soin d'elle comme elle le lui avait promis. Le seul problème est que Grace avait totalement oublié ses obligations et n'avait aucunement l'intention de les remplir dans le présent.

Je lui ai demandé « vas-tu détruire tous les vœux, promesses, serments de sang, engagements, contrats alliants et contraignants que tu as envers cet être ? »

Tout engagement ou décision que vous avez prise dans une autre vie ou réalité peut être défaite, c'est aussi simple que ça.

« Oui ! »

Et l'énergie ne changeait toujours pas !

J'ai demandé à l'entité si elle voulait détruire tous ses vœux, etc.

« Oui, » a-t-il dit comme une ombre dans ma conscience.

L'énergie s'est allégée, indiquant qu'il y avait du changement, mais elle ne s'en allait encore pas.

J'ai demandé à Grace « vérité, es-tu prête à laisser partir cette entité ? »

Avec cette question, Grace et moi avons toutes les deux réalisé qu'il y avait une part d'elle qui voulait se raccrocher à cet être. Nous avons toutes les deux réalisé que cet être avait été présent avec elle pendant si longtemps qu'elle ne le reconnaissant pas comme étant séparé d'elle. Elle ne pouvait pas imaginer ce que serait sa vie sans lui, et pourtant avec un adieu à un vieil ami, elle l'a libéré.

Alors que cet être s'en allait, Grace et moi avons toutes les deux perçu une grande légèreté.

Elle m'a dit : « je me sens presque triste. »

Je lui ai répondu : « je comprends, cette entité a fait partie de toi pendant si longtemps et maintenant elle est partie. »

Je lui ai dit qu'elle pouvait la faire revenir si elle le désirait, ce à quoi elle a rapidement répondu « Non ! »

Dans les jours qui ont suivi cette conversation, toute la vie de Grace a changé. Elle a perdu deux tailles d'habit et elle ne l'avait jamais réalisé mais elle avait un bourdonnement constant dans les oreilles qui a disparu.

En faisant face à ce qui était là mais auquel elle ne pouvait pas vraiment croire, elle a été capable de changer des aspects importants de sa vie, tout simplement comme ça.

Je crois que tout le monde peut avoir ce genre de changements et transformations s'il le désire vraiment. Tout ce que ça demande c'est le courage de faire face à ce que vous pensez être effrayant ou hautement improbable.

La relève de la garde

Je me suis retrouvée à faire du cheval à Gidgegannup dans l'Ouest de l'Australie avec deux amies. J'avais voyagé jusqu'à Perth pour participer à une classe d'Access que Gary facilitait et j'ai décidé de rendre visite à une bonne amie qui avait un ranch à une quarantaine de kilomètres de Perth. Elle m'a invité à rendre visite aux chevaux et faire un tour une fois que la classe serait terminée.

Par un magnifique dimanche ensoleillé, mes deux amies et moi avons roulé jusqu'à Gidgegannup au travers d'étendues de collines desséchées et terreuses, et des bosquets d'eucalyptus verts et poussiéreux. Mon amie qui était propriétaire des chevaux était une jolie Australienne blonde et athlétique qui vivait sur une propriété de 17 hectares avec son petit ami et douze chevaux. Elle m'a présenté les chevaux, puis son petit ami, dans cet ordre. J'allais monter un magnifique Dutch Warm Blood appelé Lincoln. Lincoln était de couleur châtaigne, magnifique et grand, avec de bonnes manières. Il était le plus grand cheval du ranch, mais mon amie m'a assurée qu'il avait un cœur tout doux. Le troisième larron était une amie de longue date venue de Nouvelle Zélande que je connaissais depuis des années. Nous avions le plaisir de nous retrouver annuellement et nous partagions quelques jours ensemble avant de repartir chacune dans un autre coin du monde.

Il faisait tellement chaud que je portais des shorts de surf et des tongues, la tenue parfaite de cavalière – je plaisante bien sûr. Mon amie m'a prêté une paire de demi-jambières pour protéger mes jambes et je lui ai emprunté une paire de chaussures. J'avais un look d'enfer. J'ai jeté mes bras au travers de la selle et je me suis hissée sur Lincoln.

Nous avions décidé de nous balader aux abords de plusieurs pâturages clôturés du ranch jusqu'à ce que nous nous soyons habitués à nos chevaux. Nous sommes partis d'un pas tranquille, parlant de nos vies, rigolant pour un rien, heureuses d'être en vie. Le temps a passé et le soleil a grimpé dans le ciel. Nous ne pouvions pas être plus comblées.

Nous avons décidé d'emmener nos chevaux au trot pour voir comment cela se passerait, comme nous l'avions fait des centaines de fois auparavant. C'est la dernière chose dont je me souvienne avant mon réveil, étalée à plat sur le dos, dans la poussière, à fixer l'étendue immense du ciel bleu et sans nuage.

Je ne savais pas du tout ce qui venait de se passer. Tout ce que je pouvais ressentir, était une pulsation dans ma tête, ou ce que je pensais être une pulsation, mais je ne pensais ni ne ressentais vraiment d'une façon normale qui peut être comprise par quelqu'un qui n'a jamais été assommé.

La réalité dans laquelle je me trouvais n'avais aucun sens, et revenir à cette réalité fut à la fois douloureux, et la meilleure description que je puisse donner est extatique. Je pouvais sentir que mon amie était très perturbée par quelque chose car elle était assise à ma tête et pleurait. J'ai découvert plus tard qu'elle a eu peur que je sois morte ou en chemin vers l'autre côté. Je n'ai aucun doute que ses supplications pour que je revienne à mon corps m'ont ramenées de mes voyages dans l'espace. Après que j'aie totalement récupéré dans les semaines qui ont suivi, je me souviens m'être retrouvée hors de mon corps et voir deux voies devant moi. L'une revenait ici et l'autre... ?

J'ai remarqué que l'intensité des sentiments de mes amies me faisait mal alors je leur ai demandé de se calmer. Leur inquiétude m'écrasait littéralement la tête. Elles ont fait de leur mieux pour se relaxer dans ces circonstances, nous sommes restées toutes les trois assises dans ce pâturage pendant longtemps alors que je tentais de recalculer les coordonnées de ma vie.

Plus tard, je leur ai demandé à quoi ça ressemblait quand je suis revenue à moi. Elles m'ont toutes les deux dit qu'elles avaient eu très peur. Elles m'ont dit que j'ai passé mon temps à poser la même question encore et encore « où est-ce que je vis ? » Elles m'ont dit que je leur ai posé cette question vingt fois. Et à chaque fois elles m'ont répondu que je vivais en Californie et que j'étais en Australie pour faire une classe d'Access. Puis je leur demandais « c'est quoi Access ? » L'amnésie est quelque chose de fantastique et mystérieux.

Je me souviens avoir regardé les eucalyptus qui nous entouraient et penser « que ces arbres sont étranges, quel lieu étrange. »

Je savais que j'avais des outils pour m'aider quand les choses n'allaient pas bien, mais je ne me souvenais plus de quoi il s'agissait, et en cet instant, même pourquoi est-ce que je devrais les utiliser. A ce point, le petit ami de mon amie nous avait rejoints dans le pâturage. Puis je me souviens que les chevaux étaient avec nous. J'ai demandé où ils étaient passés. Il m'a dit qu'il les avait ramenés ce qui indiquait que j'avais été inconsciente pendant un certain temps. Il s'est accroupi dans la poussière avec nous et il a commencé à me taquiner ; ce qui a allégé mon humeur de façon considérable. Il a levé le nez au vent et m'a dit que je ressemblais à un mineur de charbon. Toute la partie droite de mon visage était maculée de poussière et de terre, ce que je ne sentais pas et que je n'avais pas remarqué. J'avais tellement de poussière dans le nez que ça m'a pris dix minutes à éliminer dans la douche que j'ai prise plus tard. Nous avons tous ri, et mon rire s'est rapidement transformé en larmes. Ce n'était pas des larmes de tristesse, mais le genre de larmes que vous lâchez lorsque que quelque chose de profond en vous a changé quand vous venez juste de tomber face contre terre d'un grand cheval.

Il est difficile pour moi de décrire, et peut-être pour d'autres d'imaginer, à quel point cette expérience fut profonde. J'étais comme un nouveau né en train de tripper sous acide. Alors que je reprenais conscience de plus en plus, j'avais une conscience de plus en plus intense des sentiments de mes amis. Je ne pouvais presque pas supporter ce niveau d'intensité. Comment avais-je pu passé à côté de ça auparavant ? Étais-je à ce point inconsciente ?

J'avais l'impression d'être brûlée par leurs pensées, c'est comme si elles me hurlaient dessus à une fréquence insupportable. Tout ce que je pouvais faire était d'essayer de bloquer l'information, mais tout ce que j'utilisais pour bloquer ce genre de prises de conscience auparavant ne marchait plus. Je pouvais à peine supporter de regarder mon amie blonde parce qu'elle avait l'air tellement triste que je pensais que la regarder me tuerait. Bien sûr qu'elle s'inquiétait pour moi, et ses sentiments étaient très apparents, mais je n'arrivais pas à additionner deux plus deux – qu'elle était inquiète parce que j'avais été blessée. Je pouvais sentir son trouble comme un coup de marteau dans mon visage. Et puis il y avait tous les sentiments qu'elle n'avait jamais ressentis ; ils m'apparaissaient avec une clarté insoutenable.

Et au même moment que je percevais toutes ces tribulations, je faisais l'expérience d'une sensation de paix la plus profonde et la plus spacieuse jamais vécue. Le cerveau est capable de choses épatantes quand il est choqué de la bonne manière.

J'étais totalement bouche bée par les prises de conscience de tout ce à quoi nous ne prêtons pas attention. J'ai réalisé après l'accident, lorsque j'étais totalement rétablie, que la façon dont je percevais les choses ressemblait à la façon dont un nouveau-né perçoit le monde. J'étais totalement vulnérable et réceptive à l'espace mental de tout le monde.

Dans ce nouveau monde, je ressentais comme si les fourmis dans la poussière affectaient toutes les molécules de mon existence et le ciel bleu si ouvert me semblait ouvrir ma poitrine, essayant de libérer mon cœur d'une vie passée à tout contenir à l'intérieur et à me juger.

Je ne pouvais regarder personne directement dans les yeux plus longtemps qu'une fraction de seconde par peur d'être absorbée par leurs sentiments. J'étais incapable de former des pensées ou phrases cohérentes.

Elles passaient leur temps à me demander ce que je voulais faire, et tout ce dont j'étais capable était de pleurer, et me coucher dans la poussière, et pleurer encore.

Alors que je commençais à retrouver mes esprits, c'est là que j'ai commencé à demander avec insistance à mes amis pourquoi nous étions tous ici. Pas pourquoi nous étions ici sur le ranch, mais pourquoi nous étions ici sur cette planète dans cette réalité. Je ne pouvais pas comprendre pourquoi nous choisissions une telle souffrance. Je pouvais ressentir en même temps le pouvoir immense et la paix de la terre, et la peur, la tristesse, l'anxiété et l'énergie mortifère et agonisante de la race humaine. Je pouvais voir à partir de cet espace comment les gens devenaient fous. Comment est-ce que la terre pourrait survivre à nous, comment allais-je pouvoir survivre dans cet endroit ? Puis mon attention était attirée de l'autre côté du pâturage où un écureuil grimpait un tronc d'arbre, et je m'émerveillais de la joie pure de cette petite créature et j'en pleurais de joie que ce soit le cas.

C'est comme la meilleure drogue que je n'ai jamais prise, et je passais du pire trip au meilleur trip que je n'ai jamais vécu. J'avais totalement quitté cette réalité et je savais que j'étais dans un pays des merveilles pleins de terriers de lapins fous. Si je me concentrais ou que je portais mon attention sur une énergie ou un mouvement dans le monde qui m'entourait, je me retrouvais totalement transportée là-bas et je pouvais en voir tous les aspects de son existence ; je n'étais déconnectée de plus rien ; je pouvais tout ressentir pulser d'énergie – ou était-ce uniquement dans ma tête ?

Je me battais contre les voix de la raison qui me ramenaient à cet endroit, et j'ai fini par revenir gentiment « à moi » et on m'a convaincue d'aller me doucher et d'aller en voiture.

J'ai pensé plusieurs fois que les personnes attardées devaient se sentir comme ça. Je m'en foutais si je restais comme ça. Je me sentais plus libre que je ne l'avais jamais été, même si le prix à payer était de ne pas agir et avoir l'air normal.

Je n'avais aucun bleu ni aucune égratignure à la surface de mon corps.

J'avais deux jours pour récupérer avant de grimper dans un avion et voler en direction de la côte Est de l'Australie. J'ai passé ces deux jours au lit dans un état comateux suite à une commotion cérébrale.

Petit à petit, le monde a retrouvé sa place mais tout ce que je regardais semblait si différent ! J'étais incapable d'expliquer cette différence. Je savais juste que c'était différent. Je n'avais aucune idée de ce que je voulais manger ou quand je voulais manger. Il a fallu que je le découvre, comme si c'était la première fois, quelle main j'utilisais pour écrire. Mon corps a bien pris soin de moi durant ces jours. Il savait que faire, même si plus rien n'avait de sens pour moi.

Miraculeusement, je me suis retrouvée dans l'avion et j'ai survécu au vol jusqu'à Brisbane.

Une des choses dont j'ai pris conscience était une douleur violente à la nuque. J'ai demandé à mon ami le Dr Dain Heer, s'il pouvait me faire des ajustements au niveau de la nuque. Dain est un très bon ami de la famille et un homme merveilleux. Il a découvert Access après une formation de Network Chiropracteur. Non seulement il est capable d'ajuster et guérir les corps physiques, mais il a également la capacité de guérir les êtres et leur vie. C'est un faiseur de miracles, comme des centaines de personnes peuvent en attester, et j'ai la chance énorme de le compter dans mes amis proches. Me réjouissant de me sentir mieux, je me suis couchée sur sa table de travail.

Au lieu de poser ses mains sur moi, Dain se tenait debout à mes côtés à me fixer intensément avec sa tête penchée sur le côté. Il s'approchait de moi, posait ses mains sur ma nuque et les enlevaient immédiatement pour se caresser le menton.

Je sentais qu'il était perplexe, mais je ne savais pas ce qu'il examinait.

Simultanément, nous nous sommes demandé ce qui se passait. Dain a commencé en premier.

« Hum, tu es différente ?... »

J'ai pensé « ben, oui » mais je lui ai demandé ce qu'il voulait dire par là. Puis la bombe est tombée.

Il m'a dit « tu sembles vraiment différente. Je veux dire vraiment différente, comme une nouvelle personne. Es-tu un nouvel être ? »

J'ai pensé qu'il disait ça métaphoriquement et je lui ai répondu oui, je me sentais comme une nouvelle personne.

Mais ce qu'il voulait dire était que j'étais littéralement une nouvelle personne. Est-ce que l'être que j'étais était parti – et j'étais un nouvel occupant dans ce corps ? Cela a commencé à pénétrer au travers de toutes les couches de spéculation et d'incrédulité, et soudain, tout a commencé à avoir bien plus de sens. J'ai compris pourquoi je ne pouvais pas comprendre ce que mon corps voulait, ou comment faire quelque chose d'aussi simple que se brosser les dents. Heureusement que mon corps se souvenait de la plupart des choses qui lui étaient nécessaires ; je devais juste entrer en relation avec ce corps pour la première fois. Je me sentais véritablement comme un nouveau-né dans un grand corps étrange.

Ce que Dain m'a demandé semblait presque trop incroyable à croire, mais en même temps, ça semblait coller. Dès que l'idée a commencé à faire son chemin, j'ai perçu Shannon#1, comme je me plais à l'appeler, se tenir à côté de la table sur laquelle j'étais étendue. Elle me regardait en me demandant la permission de s'en aller. Dain et moi avons tous les deux éclaté en sanglots. Je sais que certaines choses dans ce livre vous ont parues étranges, et cette histoire ne l'est pas moins, et elle est sans doute encore plus étrange que le reste.

Si je n'avais pas eu et reçu les prises de conscience les plus énormes grâce à mes diverses expériences, je penserais que ma place serait dans un asile de fous pour avoir vécu les expériences que j'ai décrites.

Je pouvais percevoir que l'être qui habitait le corps précédemment se tenait à côté de moi. Je pouvais dire qu'elle n'était pas moi ; je la ressentais différemment de moi. Elle était plus triste – et elle était soulagée de pouvoir s'en aller. Elle m'a informée qu'elle m'avait attendu depuis que ce corps avait quatorze ans, mais au vu des circonstances, il n'était pas encore temps jusqu'à maintenant. Elle m'a demandé de bien vouloir prendre soin de sa mère une fois qu'elle serait partie. J'ai trouvé cela très touchant et aussi un peu étrange. Sa mère n'était-elle pas ma mère maintenant ?

C'était comme si un poids énorme m'avait été enlevé. Soudain, tout semblait plus léger et lumineux, comme si tout scintillait et était facile.

Les larmes de gratitude et de changement étaient incontrôlables. J'ai dit à Shannon#1 que oui, elle pouvait s'en aller et que j'étais prête à prendre les rênes. Elle avait essayé d'avoir cette conversation avec moi depuis que j'avais repris conscience à Gidgegannup, en Australie de l'Ouest, et je n'avais simplement pas remarqué ou capté ce qui se passait. Ça aide d'avoir des amis bizarres et magiques qui vous aident à voir les choses qui manquent.

Dès que Shannon#1 a quitté la pièce, un rayon de lumière s'est allumé en moi. C'est comme si un nuage noir caché tout au fond de moi et dont je n'arrivais jamais à me départir s'en était enfin allé.

Dans les semaines qui ont suivi la chute, j'ai fait l'expérience, ainsi que tout mon entourage, d'une Shannon plus légère, lumineuse et gentille. Shannon#1 était tourmentée par toutes sortes de démons, des démons qu'elle avait intégrés depuis l'enfance pour tout un tas de raisons et durant l'adolescence en grande partie grâce aux drogues. C'est comme si elle me réservait une place. Une place où elle prendrait et gérerait toute la folie et l'abus que quelqu'un peut subir en grandissant dans ce monde. Les démons sont partis avec elle. Ce qui restait, c'était moi, un être avec plus d'ouverture pour plus de possibilités.

Jusqu'à ce jour, tomber de ce cheval fut l'expérience qui m'a le plus transformée. Des aspects importants de ma personnalité et de mon comportement qui semblaient immuables avaient disparus. Des sujets dans ma vie, ou dans la vie de l'occupante précédente qui avaient été de gros problèmes étaient désormais réglés, et je me sentais immensément soulagée. Je plaisantais avec Gary pendant les semaines qui ont suivi l'accident que tout ce dont les gens avaient besoin pour changer était de s'infliger un traumatisme crânien et ils se réveilleraient différents.

Cela le faisait rire et il me répondait « Tout ce que tu as besoin de savoir sur la vie, tu peux l'apprendre sur le dos d'un cheval. » Ou dans mon cas, en tombant de cheval !

TROISIÈME PARTIE

« Au lycée, tu apprends l'algèbre, pas
comprendre les énergies psychiques et B-A
BA de communiquer avec les entités »
~ Shannon O'Hara ~

Retranscription d'une classe Parlez Aux Entités, Australie 2008

Shannon : Le but de cette classe est de vous faciliter à reconnaître vos propres capacités concernant les entités. Les entités peuvent être un avantage important pour nous si nous sommes prêts à avoir ceci. S'il vous plaît, prenez conscience qu'il y a des choses possibles et disponibles ici que vous n'avez peut-être encore jamais considérées jusque-là.

J'aimerais que vous posiez des questions, parce que les questions vont déterminer la direction de cette classe. Si vous êtes prêts à intégrer un niveau de puissance avec votre conscience, nous allons vraiment nous amuser.

Le vaste sujet des entités m'a forcé à étendre ma perceptivité parce que c'est tellement indéfinissable. C'est tellement différent de cette réalité. Cela ne fonctionne pas en lien avec le temps, ce n'est pas linéaire, et absolument chaque entité ou énergie est totalement unique. Les histoires de chacune des entités et les empreintes électromagnétiques sont uniques ; c'est toujours différent.

Vous ne pouvez pas le faire en autopilote. Il n'y a pas d'ordre linéaire que vous puissiez utiliser, pas de formule qui va marcher à tous les coups concernant les entités. C'est toujours différent, donc la capacité et la volonté de voir ce qui est, plutôt que ce que vous pensez que vous devriez voir, peuvent ouvrir des portes plutôt cool.

Alors, que sont les entités ? Une entité est une énergie coincée dans une identité, un endroit ou un moment. Donc quand vous dites « Je suis tel et tel » ou « Je suis une femme » ou « J'ai tel âge » ou « Je suis humain » vous créez une définition et une identité qui sont les bases énergétiques et magnétiques qui formuleront l'entité singulière qui, lorsque votre corps mourra, existera comme une définition de vous, jusqu'à ce que vous choisissiez quelque chose de différent.

La plupart des gens, avec ou sans corps, ne réalisent pas qu'ils ont le choix.

Question : Donc tu suggères que même si un corps meurt, l'entité reste dans cette réalité à moins qu'elle ne fasse un choix différent ?

Shannon : Oui, pas toujours, mais oui. Et c'est le truc aussi, à chaque fois que votre corps meurt, vous prenez vos empreintes électromagnétiques ou les bases que vous connaissez, ce que vous avez fait, ce que vous avez été et ce que vous avez pensé. Donc vous, en tant qu'entité continuez à exister, mais pas avec ce corps dont vous faites l'expérience à l'heure actuelle.

Question : Est-ce que tu vois les entités ?

Shannon : Oui.

Question (du même participant) : Que faudrait-il pour que je voie les entités ?

Shannon : Est-ce que tu vois parfois des choses qui bougent du coin de l'œil et quand tu regardes, il n'y a rien ?

Participant : Oui.

Shannon : C'est une entité. Donc les premiers pas pour voir les entités et en avoir conscience c'est de reconnaître à chaque fois que vous les repérez, et chaque fois que c'est arrivé et que vous avez éliminé ça d'un coup de « oh, ce n'était rien ». Il s'agit de reconnaître ce que vous captez, même si ça n'a aucun sens.

Êtes-vous déjà entré dans une pièce et fait « Ooooh, ça fout les jetons » ou « Je veux m'en aller tout de suite » ? Chaque fois que vous reconnaissez ça, vos perceptions et vos capacités se renforcent. Chaque fois que vous les ignorez, les niez ou les refusez, elles diminuent. D'autres éléments qui se mettent sur le chemin des gens par rapport à percevoir et avoir des relations avec les entités, ce sont les projections et attentes qu'ils ont des entités, et bien entendu, leurs peurs.

La peur est un vaste sujet, et j'espère qu'une fois que les gens recevront une éducation correcte concernant ce qu'est réellement le monde des entités, ils arrêteront de croire ce qu'ils lisent dans les livres et voient dans les films, et ils pourront avoir une plus grande conscience et être en paix avec les entités.

Vous vous attendez tous à ce que les entités apparaissent d'une certaine façon, et c'est cette attente qui vous empêche d'être capables de percevoir véritablement ce qui est là.

Une façon pour les gens de commencer à changer leurs projections, attentes et peurs des entités est de détruire et décréer tout ce qu'ils ont adopté d'autres personnes sur le sujet. Renvoyez tout ceci à l'envoyeur et une fois que vous l'aurez fait suffisamment souvent, vous commencerez à avoir la sensation de votre propre réalité avec tout ceci.

Partout où vous avez décidé à quoi doivent ressembler les entités, et comment elles doivent être, allez-vous le détruire et le décréer ? Changez tout ça, permettez à ce que ceci apparaisse de la façon dont cela veut apparaître, et non pas comment vous vous y attendez et jugez que ce doit être.

Donc, à vous tous, qu'est-ce que voir les entités signifie pour vous, parce que c'est cette signification que vous avez créée et adoptée à un moment donné concernant les entités qui vous maintient coincé dans un point de vue particulier, ce qui rend les choses plus difficiles que de les voir telles qu'elles sont au lieu de ce que vous « pensez » que ça devrait être.

Réponse : Je suppose que les entités signifient une responsabilité, abracadabra et les apparitions de spectres.

Fantômes, âmes perdues ! Être coincé !

Shannon : Oui, n'est-ce pas intéressant ? Fondamentalement, les entités sont justes comme nous ! Il s'agit de devenir plus conscient des énergies différentes, pour que vous puissiez recevoir ce qui est là, pas ce que vous « pensez » être là. Qu'est-ce que ça demanderait ? Les gens ont tendance à fonctionner à partir du point de vue que les entités sont ces grands êtres effrayants qui vous entourent pour vous attraper et qu'elles doivent toutes être mauvaises. Ce n'est simplement pas le cas.

Question : Est-ce que j'ai des entités qui me limitent dans ma vie ?

Shannon : Ha, ha, ha ; oui les gens aiment bien blâmer les entités pour tout un tas de choses. Donc vérité, as-tu une entité qui te retiennt dans ta vie, ou as-tu une entité qui aimerait t'aider, toi et ton corps ?

Réponse : Oh, hé bien, la question concernant le fait d'aider mon corps s'applique plus. C'est marrant, je n'y ai jamais pensé de cette façon. Que faudrait-il pour que je les écoute ?

Shannon : Une meilleure question serait « qu'est-ce qui est requis pour que je reçoive plus ? », parce que recevoir plus t'aidera à obtenir ce qu'elles te donnent.

Donc, de quoi as-tu conscience avec ton corps ? Juste là, et si vous pouviez tous le faire, demandez à toutes les entités qui sont ici de faciliter votre corps et de vous offrir des sensations que vous que vous ne pouvez pas manquer. Donc, que percevez-vous ?

Réponse : Une pression dans ma tête.

Shannon : Maintenant demandez aux entités qui sont là pour faciliter la santé et la conscience dans votre corps de vous offrir une sensation à côté de laquelle vous ne pouvez pas passer. Alors, que remarquez-vous maintenant ?

Réponse : ce n'est pas une pression, cela me semble tellement plus léger ! Wow, maintenant j'ai tout mon corps qui vibre.

Shannon : Voilà comment vous commencez à développer votre sensibilité aux entités et à leurs présence. Votre corps est plus disposé que vous à être conscient, alors il peut enregistrer les informations et sensations qui peuvent vous amener à plus de conscience avec les fantômes. Votre corps est un récepteur de câlins à entités. Votre corps communique avec vous tout le temps pour vous donner des informations à côté desquelles vous passez concernant ce qui se passe autour de vous énergétiquement. Mais la plupart des gens font l'erreur de juste dire « oh, j'ai tellement chaud » ou « oh, j'ai mal à la tête. »

Cela peut être la façon par laquelle votre corps vous dit qu'il y a une entité ici. Cela peut aussi se manifester de tout un tas d'autres façons différentes, comme une toux, des fourmis dans les mains ou les pieds, de la chair de poule et ainsi de suite.

Question : Lorsque j'assiste à des funérailles, je pleure et sanglote de façon incontrôlable, et cela peut être vraiment de n'importe qui, cela n'a pas d'importance. Qu'est-ce que c'est que ça ?

Shannon : À quel point est-ce que tu captes tout ce que les autres n'expriment pas ? C'est un cas classique de « à qui ça appartient ? »

Participant : J'aimerais vraiment ressentir et percevoir les entités, mais je ne ressens ni ne perçois rien.

Shannon : Tu dois commencer par reconnaître ce que tu PERÇOIS et comment cela se passe pour toi, comme les sensations dans ton corps. Communiquer avec les entités peut être très subtil et il s'agit de développer ses talents au-delà des cinq sens. Cela se manifestera différemment pour chaque personne, et à nouveau, il n'y a pas de bonne façon. Il s'agit de développer sa confiance en soi et sa volonté d'aller dans cette direction.

Il s'agit de sortir de ce que tu as déjà décidé être vrai et réel, et changer comment tu perçois et ce que tu es prêt à percevoir.

Question : Alors, qu'est-ce que c'est que tous ces doutes qui montent en moi ?

Shannon : Les doutes sont des distracteurs conçus pour te distraire de ce qui se passe réellement en-dessous ou derrière. La peur est aussi un distracteur. Les distracteurs t'empêchent de voir ce qui est réel pour toi. Le doute n'est jamais réel ; pose-toi la question de ce qui est en-dessous des doutes et de la peur.

Participant : Ouais, je ressens une compétence ou quelque chose que je ne suis pas sûre de savoir gérer.

Shannon : Ok. Les distracteurs vous empêchent souvent de voir vos propres pouvoirs et capacités. N'est-ce pas amusant que ce dont nous avons peur, ce sont nos propres capacités ? Tout est l'opposé de ce que cela paraît être, et rien n'est l'opposé de ce que cela paraît être.

Si vous êtes prêts à le faire, votre détermination joue un rôle important. Si vous étiez prêts à dépasser vos peurs et vos doutes, et à ne plus croire qu'ils sont réels, vous pourriez accéder à plus de vous et de vos capacités. Tant que vous continuez à croire à vos doutes et vos peurs, vous continuerez à être limité dans ce domaine.

Une des choses que je trouve intéressante est comment les gens donnent tellement de pouvoir aux entités. Les gens ont tendance à croire ce qu'ils voient dans les films et dans les histoires qu'ils entendent à propos des fantômes. Vous savez, c'est juste tellement amusant parce que les entités sont comme les gens ; elles sont comme nous. Certaines sont intelligentes, d'autres non ; certaines n'ont même pas conscience d'être passé de l'autre côté.

Question : Je sais que j'ai verrouillé cette capacité hors de moi. J'ai fermé cette part de moi. Est-ce que je dois juste choisir ?

Shannon : Oui, absolument. Le choix prime toujours. Puis détruire toutes tes décisions, jugements et conclusions peut aider à éliminer tout ce qui fait que choisir est difficile.

Et souvenez-vous s'il vous plaît qu'être présent consciemment est un muscle. Chaque fois que vous invalidez ce dont vous avez conscience, que vous l'ignorez ou le niez, il s'atrophie. Chaque fois que vous vous dites « oh oui, j'ai perçu ça ! » vous le reconnaissez, et en le reconnaissant, il se renforce. Cognitivement, vous ne savez pas forcément ce que vous captez, ou vous n'arrivez pas à le comprendre, mais si vous reconnaissez qu'il y avait quelque chose, ou qu'il se passait quelque chose, alors ça commencera à devenir plus facile. Et bien entendu, demander à ce que ce soit de plus en plus facile aide, au lieu de continuellement renforcer l'idée que c'est dur ou effrayant.

Question : Parfois quand je dors, j'entends quelqu'un appeler mon nom. C'est tellement clair que je me réveille, en pensant que c'est mon petit ami et que je suis en retard pour partir au travail ou autre. Je sors de la chambre en courant et mon petit ami est déjà parti et il n'y a personne là. Je pourrais jurer que j'ai entendu appeler mon nom très clairement.

Shannon : Est-ce que c'était sa voix ou as-tu supposé que c'était sa voix ?

Réponse : Non, j'ai supposé que c'était sa voix, mais ce n'était pas le cas. Cela m'est arrivé de nombreuses fois.

Shannon : Est-ce que ça t'arrive dans chaque maison dans laquelle tu vis ?

Réponse : En fait, je crois que c'est le cas, mais je pense que c'est arrivé principalement dans la maison dans laquelle nous sommes maintenant. Une fois alors que je sortais pour aller à ma voiture, j'ai senti quelqu'un me pincer le bras.

Shannon : Ouais, entendre quelqu'un appeler votre nom est quelque chose de plus courant que ce qu'on croit. La raison pour laquelle cela arrive pendant le sommeil au petit matin est probablement parce que tu es plus relaxé et réceptif à ce moment de la journée qu'à tout autre moment. C'est là qu'elles peuvent parvenir jusqu'à toi. Alors la prochaine fois que ça se passera, tu peux y aller et commencer à discuter avec elle ou lui. Tout ce que tu as à faire c'est dire « salut, qu'est-ce qui se passe ? Peux-tu (l'entité) faire en sorte que ce soit facile pour moi parce que je ne saisis pas ce que tu fais là ou ce que tu me dis, et je ne te perçois pas très bien maintenant. »

Réponse : Merci.

Question : Est-ce qu'elles peuvent être attachées à une maison et veulent que vous quittiez la maison ?

Shannon : Absolument, les entités sont comme nous ; elles adoptent des points de vue du genre « C'est ma maison, mon homme, ma femme, ou mon animal de compagnie. » Parfois, tu auras le sentiment incroyable que tu dois quitter la maison en courant, et à d'autres moments, tu percevras juste l'ambiance. Les maisons hantées sont très communes. Mon premier choix ne serait pas de m'accrocher à une maison pour l'éternité une fois passé de l'autre côté, mais à chacun son choix.

Réponse : Je pense qu'il y a un fantôme ou un esprit dans ma maison qui a fait des bruits très effrayants une fois. Une autre fois j'ai même cru qu'il essayait de me faire des choses ou à mon frère, et je lui ai dit d'aller se faire foutre, et je sais que j'ai plus de pouvoir que lui.

Shannon : Je ne supposerais pas que dire à une entité d'aller se faire foutre est efficace dans tous les cas, ou que tu as plus de pouvoir que lui. Le véritable pouvoir est la volonté de changer. Qu'aurais-tu pu changer dans cette situation qui aurait créé un résultat différent ? Si tu es juste prêt à voir les choses sans jugements ni points de vue, tu auras plus de puissance pour faire des changements. De nombreuses personnes aiment se cacher et se dire « je ne veux pas voir ça » ou « je ne veux pas gérer ça. » Dans ce cas, qui a le pouvoir, toi ou la chose que tu tentes de ne pas voir ?

En refusant de les recevoir, tu leur as donné du pouvoir.

Et souviens-toi, est-ce que toutes les personnes s'en vont quand tu les envoies se faire foutre, ou certaines vont continuer à te coller aux basques ? C'est pareil avec les entités.

Réponse : Hé bien, il semble que les voir et les avoir dans ma vie signifierait quelque chose, et ça changerait ma vie.

Shannon : Oui, c'est juste, cela changerait ta vie. As-tu conscience de ce qui changerait ?

Réponse : Oui, il me faudrait envisager les choses différemment.

Shannon : Cool, comment est-ce que ça devient encore mieux que ça ? Souviens-toi que c'est la signification, et souvent les mensonges que nous accolons aux entités, qui créent les difficultés. La communication avec les entités ne doit pas être un truc important, ou dur, ou effrayant.

Il y a de nombreux êtres tout autour de nous ; cela peut être des membres de la famille, ou des amis qui veulent juste dire bonjour et peut-être au revoir pour la dernière fois avant de s'en aller.

Je donne l'exemple de ça dans le chapitre de mon livre « Visite d'une vieille amie de la famille » où Mary, une vieille amie de la famille, est venue me trouver après sa mort pour dire au revoir. Si je lui avais résisté, elle aurait eu plus de peine pour accéder à moi.

C'est ce que les gens font avec les entités ; ils leurs résistent parce qu'ils pensent qu'elles sont toutes mauvaises. Dans ma volonté de la recevoir, même si mon premier réflexe avait été la peur, nous avons partagé toutes les deux un moment de gentillesse et de bienveillance.

Question : Est-ce qu'il y a une cible concernant les entités, parce qu'on m'a appris à déblayer les entités ?

Shannon : Hé bien oui, les déblayer est une bonne chose, et parfois communiquer avec elles est plus approprié. Pour moi, il s'agit juste d'être conscient de ce qui est requis dans chaque situation différente. Déblayer les entités peut créer un changement et une transformation énergétique énorme. Concernant les objectifs à avoir concernant les entités, je peux juste parler de ma cible concernant les entités.

Réponse : Oui, et qu'est-ce que c'est ?

Shannon : Pour avoir une conscience totale – et je suis toujours en train de découvrir à quoi ça ressemble.

Question : J'ai l'impression que la plupart du temps, je cherche juste à les repousser.

Shannon : À quel point essaies-tu et fais-tu en sorte de repousser tous tes problèmes au lieu d'y faire face ? Est-ce que d'habitude, ça marche – ou est-ce que tu dois plutôt regarder les choses en face pour changer le problème que tu as à gérer ? Et s'il n'y avait pas de problème ? Et s'il n'y avait rien dont tu dois te débarrasser ?

Question : Donc, il ne s'agit pas toujours de déblayer les entités ; il s'agit aussi d'avoir conscience qu'elles sont là ?

Shannon : Oui.

Question : Je me souviens d'une classe que tu as faites il y a environ un an. Il y avait une dame qui essayait de faire partir un membre de sa famille et ce fantôme commençait à être vraiment énervé !

Shannon : Ah, oui, je crois que c'était son grand-père ou sa grand-mère et le point de vue de cet être était « Pourquoi essaies-tu de me faire partir ? » C'était en fait une bonne illustration de ce dont je parle. Si je m'en souviens correctement, la femme qui était en classe a passé sa vie à demander de l'aide et apparemment ce grand-parent était venu l'assister par rapport à ce qu'elle demandait. Cette femme ne l'avait pas capté et elle essayait de déblayer son grand-parent au lieu de recevoir le cadeau de son assistance.

Question : Donc fondamentalement nous devons prendre plus conscience de quand les déblayer et quand les recevoir ?

Shannon : Ouaip, déblayer c'est bien, et communiquer c'est bien, il s'agit juste de prendre conscience de ce qui est requis.

Question : J'ai de nombreuses entités qui viennent en moi et quand je leur demande si elles sont là pour me faciliter, il y a toute cette énergie qui arrive.

Shannon : C'est exactement ce dont je parle. Laisse-moi te demander quelque chose. Es-tu un channel ?

Pas de réponse.

Shannon : C'est une question qui demande un oui ou un non. La classe, qu'est-ce que vous en pensez ?

La classe : Oui !

Shannon : As-tu conscience de ça ?

Réponse : Oui ?

Shannon : Donc, à un certain niveau, tu as conscience de ça, parce que maintenant tu as l'air totalement différent de ce à quoi tu ressembles normalement et il y a cette présence dans tes yeux qui n'est pas toi, et tu viens juste de dire que tu as des entités qui viennent dans ton corps. Je te suggère d'explorer ce que c'est pour toi. Je sais que ça peut sembler intimidant, mais tu dois avoir les outils et les clés pour que ça marche pour toi, autrement tu n'aurais pas cette capacité.

Je pense qu'il est important pour les personnes comme vous avec des capacités comme toi qui est un channel, de tout d'abord reconnaître que c'est ce qui se passe et ensuite d'apprendre à utiliser tes capacités. Il y a pas mal de personnes sur cette planète avec des capacités phénoménales concernant les entités et elles n'ont pas conscience que c'est ce qui se passe pour elles, et cela peut se manifester comme des problèmes de « comportement » comme la schizophrénie, être bipolaire, la dépression, les tendances suicidaires, les problèmes de personnalités multiples, les TOC, l'hyperactivité et même l'autisme. L'autisme est un tout autre sujet que je ne vais pas aborder maintenant, mais les personnes atteintes d'autisme ont non seulement très conscience des entités, mais elles ont aussi de nombreuses capacités télépathiques et psychiques. Et si elles étaient l'évolution de l'espèce vers une plus grande forme de conscience ? Et si elles avaient des capacités psychiques aiguës, et non pas des maladies mentales ?

Les schizophrènes ont affaire à de multiples entités. Ils ne sont pas fous et il n'y a rien qui cloche chez eux. En fait, ils ont quelque chose de spectaculaire. Les personnes atteintes d'autisme ne sont pas débiles ; elles sont tellement psychiquement avancées qu'elles ne peuvent pas s'adapter à la lenteur et la densité de la réalité qui nous entoure.

Qu'est-ce que ces personnes peuvent nous apprendre et montrer au monde concernant une autre façon de fonctionner qui correspondrait bien plus à ce qui est disponible pour nous ? N'est-ce pas amusant que nous ayons ces capacités avec les entités et que nous ne le réalisons même pas ? Hé bien, je trouve ça marrant ; vous trouvez probablement ça bizarre ou frustrant.

Plus vous êtes prêt à fonctionner avec l'énergie de tout ceci, ce qui veut dire que cela ne doit pas avoir du sens ou être solide, plus ce sera facile. Parlez aux entités peut survenir de tellement de façons différentes. La plus grande erreur que les gens font est de supposer que la communication avec les entités ressemble à parler aux personnes incarnées. Parfois ça peut se manifester ainsi, mais je dirais que c'est la façon la moins courante. La plupart du temps vous n'aurez pas la sensation d'une conversation verbale ; cela ressemblera plus à un téléchargement. Cela peut être aussi rapide que l'éclair ; soudain, vous avez toutes les informations. Ce genre de communication est bien plus rapide que celle que nous faisons dans cette réalité. C'est la raison pourquoi beaucoup de gens pensent qu'ils n'y arrivent pas. Ce n'est pas que vous n'y arrivez pas, c'est que c'est extrêmement rapide.

Réponse : C'est le truc ; je n'ai jamais aucun mot.

Shannon : Alors, est-ce que tu n'as jamais aucun mot ou est-ce que cela t'arrive d'une façon qui ne t'est pas familière ?

Réponse : Juste, comment puis-je commencer à comprendre ce que je reçois ?

Shannon : Tout d'abord, il s'agit de te faire confiance et comme je l'ai dit, plus tu le fais, plus cela devient facile. Et pour moi, je sais que quand ils essaient de me faire passer quelque chose, ils vont me faire ressentir leurs sentiments, ou me donner des odeurs et des goûts. Il y a tellement de façons différentes pour que le message passe ; il s'agit juste de commencer à reconnaître ce que sont ces choses alors qu'elles arrivent. Comment le message arrive dépend aussi de l'entité qui l'émet. Certaines sont de bonnes communicatrices, et d'autres non, tout comme nous les gens.

Question : Que se passe-t-il avec les entités quand elles ne sont pas autour de nous ? Où sont-elles ? Est-ce qu'il y a un pays des entités ?

Shannon : Oh, ça c'est une grande question à laquelle je ne suis pas sûre de pouvoir répondre complètement et honnêtement. Percevoir à quoi ressemble leur monde a ceci de compliqué que le temps et l'espace tels que nous les vivons dans cette réalité n'existe pas pour eux. Imaginez un instant à quoi ressemblerait notre monde, comment nous le ressentirions, ce qu'il serait si nous ne vivions pas le temps tel que nous le connaissons maintenant, ce qui veut dire que les choses ne pourraient pas être séquentielles dans le temps mais qu'elles arrivaient simultanément, toutes en même temps. Imaginez aussi que votre relation à l'espace est complètement différente, ou que l'espace n'est simplement pas là, ce qui veut dire que votre relation aux choses dans l'espace serait différente. Vous n'auriez plus de distance mesurable entre vous et tout le reste. Il n'y aurait ni haut ni bas, ni gauche ni droite, il n'y aurait plus qu'un espace indéfini. Si vous pouvez vous rapprocher à percevoir à quoi ça ressemble, alors vous vous rapprochez de percevoir où elles sont et à quoi ça ressemble pour elles.

Réponse : Ok, j'ai le mental qui explose : (Rires)

Question : Mon conseiller est mort l'an passé et j'étais triste quand il est mort. Est-ce que ma tristesse et une façon de l'exclure ?

Shannon : Ok, bonne question. Allons-y directement, s'il te plaît, vu qu'il est là maintenant. Est-ce que tu veux lui parler ?

Réponse : Mmmmh, je pense, oui.

Shannon : Ok. Je vais te donner quelques outils pour que tu puisses le faire maintenant ici avec moi et aussi lorsque tu seras seul. Commençons par lui demander de te tenir la main. J'aimerais que tu le regardes et que tu prennes conscience de ce qu'il dégage.

Réponse : D'accord, ok, je me sens plus léger.

Shannon : Peux-tu le regarder encore plus, s'il te plaît, et permet-lui d'être là pour toi comme il l'était avant ?

Réponse : Oui.

Shannon : La grosse idée reçue ici est qu'une fois que quelqu'un meurt, il est parti pour toujours et à jamais, loin du bal, au revoir et nous ne nous reverrons plus. Ce n'est simplement pas vrai. Pour être parfaitement honnête, le fait que le corps meurt ne signifie pas grand chose. Il est encore là, et dans ce cas, il est encore capable d'être pour toi ce qu'il a été durant sa vie ; tu dois juste être capable de le recevoir d'une façon différente. Il n'est pas parti, loin pour toujours, il est là avec nous, maintenant dans cette pièce et il te tient la main. Et avec l'énergie que tu commences à émettre, c'est sans doute la première fois que tu le reçois depuis son décès. Comment est-ce que tu te sens ?

Réponse : Merveilleusement bien. Je n'ai jamais rien ressenti de pareil. C'est comme s'il y avait des frissons chauds qui me parcouraient tout le corps et comme si tout devenait de plus en plus léger.

Shannon : Bien, continue comme ça. Maintenant que tu as une idée de comment tu peux t'accorder à lui, tu peux jouer avec ça et rendre la connexion aussi forte que tu le souhaites. Est-ce clair pour toi qu'il est là, maintenant ?

Réponse : Je le pense, oui.

Shannon : Tu as de la chance, c'est un être clair. Il est capable de bien faire passer le message. Ce n'est pas le cas avec toutes les entités.

Question : J'ai une amie qui a mis fin à ses jours il y a quelques années de ça et j'étais heureuse pour elle parce que je ressentais qu'elle était dans un meilleur endroit, mais je savais qu'elle n'était pas partie ; je pouvais toujours la sentir dans les parages. Puis trois mois plus tard au milieu de la nuit, je me suis éveillée soudainement et mon petit ami s'est tourné vers moi et il m'a parlé, mais c'est sa voix que j'entendais et elle m'a appelé par un petit nom qu'elle était la seule à me donner et elle m'a dit « je m'en vais maintenant » et elle est partie. Est-ce que tu penses qu'elle s'en est allée ?

Shannon : Oui.

Question : Donc pouvons-nous coincer des entités ici ? Comme avec son amie qui s'est tuée ? Peut-on empêcher les entités d'avancer avec nos émotions et tous ces trucs ?

Shannon : Oui, et c'est exactement ce qui s'est passé avec son amie. Parce que c'était un suicide, tout le monde avait le point de vue « oh, c'est terrible ! » Quand le décès de quelqu'un est très dramatisé, cela peut le maintenir coincé et à ne pas avoir de clarté concernant ses choix.

Question : Et pour les animaux ?

Shannon : Oui, quand nous accordons de l'importance à un animal, il va rester près de vous parce qu'il entend votre requête et il veut l'honorer. Si vous désirez qu'il vous revienne comme animal de compagnie, ou que vous percevez qu'il veut revenir et être votre animal, demandez-lui de le faire. S'il vous aime bien, il le fera probablement.

Certains d'entre vous vont commencer à remarquer les choses différemment. Si vous désirez améliorer vos capacités à percevoir les entités, vous pouvez faire cet exercice. Quand vous serez dans votre lit ce soir, relaxez-vous. Baissez consciemment vos barrières, car que vous en ayez conscience ou non, vous avez tendance à mettre des barrières qui vous empêchent de percevoir les entités. Consciemment, faites baisser vos barrières et commencez à percevoir ce qui se trouve autour de vous. Commencez par poser une question comme « est-ce qu'il y a des entités qui désirent me parler ? » Poser des questions vous permettra de prendre conscience.

Si ça ne marche pas pour vous ce soir, essayez à nouveau demain. Choisissez un moment où vous pouvez être au calme, où vous pouvez vous asseoir et être à l'écoute.

(Aux participants de la classe) : Vous avez fait l'exercice et que s'est-il passé ?

Participant de la classe : Laisse-moi commencer par dire que je croyais que toutes les entités étaient effrayantes et contre moi. Quand j'ai fait ce que Shannon a suggéré, c'était plutôt fabuleux ! J'ai reçu leurs noms, et j'ai compris qu'elles étaient là pour me soutenir et qu'elles m'avaient soutenu toute ma vie. Cela a totalement changé ma perspective des choses. Je n'ai plus peur des entités ; en fait, je suis plus prêt à recevoir celles qui sont là pour me soutenir ; c'est génial. Merci Shannon.

Question : Quand je fais un déblayage d'entités, j'ai de la difficulté à percevoir si elles s'en sont allées ou non.

Shannon : Si tu dis les mots, cela se passe. Cela m'a pris un certain temps à développer ma sensibilité à ça. Si tu continues comme ça, cela va se développer pour toi aussi.

Ce que j'ai commencé à remarquer concernant les déblayages d'entités est, lorsque j'entrais dans une pièce et que je me disais « hum, il y a peut-être quelque chose ici, voyons si ça marche. » Je faisais le déblayage et j'ai remarqué que quand j'avais fini, je poussais un gros soupir. C'était pour moi l'indication que quelque chose s'était passé. Commence simplement à demander « alors, qu'est-ce que je capte ici ? » Et remarque les énergies subtiles.

Question : Je viens juste d'acheter une ferme et parfois cela me semble lourd et je me demande pourquoi je l'ai fait. Est-ce que je dois déblayer des entités sur cette propriété ?

Shannon : Oui, c'est sûr, fais des déblayages. Tu peux demander à celles qui vont te faciliter avec cette propriété de rester et toutes les autres doivent s'en aller. Soit méticuleux et utilise les outils.

Question (petit enfant) : J'ai peur dans le noir dans ma maison.

Shannon : As-tu peur dans toutes les pièces de la maison ou juste certaines ?

Petit enfant : Principalement dans le couloir qui mène à une pièce en particulier. Si je vais dans la chambre de mon frère, j'allume la lumière et je regarde derrière la porte et dans toutes les étagères.

Shannon : Il y a deux choses ici. En premier, oui tu perçois les entités et les énergies. Le truc c'est que parfois, cela va te faire peur. Parfois, cela me fait encore peur, mais j'ai appris à ne pas laisser ceci diriger ma vie. Parfois les entités dont tu as peur ont besoin de ton aide, est-ce que tu es prêt à les aider ?

Petit enfant : Ok.

Shannon : Si tu pouvais commencer à demander quelles sont les énergies qui sont là qui sont gentilles et prêtes à jouer, demande des camarades de jeu. Ce ne serait pas génial si tu pouvais t'amuser avec plutôt que d'en avoir peur ? Est-ce que tu es prêt à être le leader de plus de conscience concernant les entités dans ta famille ?

Petit enfant : Ummm... Oui.

Shannon : Alors il s'agit d'ouvrir les portes à ces énergies. Nous commençons seulement, et ceux d'entre nous qui choisissent d'avoir ça seront ceux qui commenceront le changement de la conscience sur terre.

La science nous dit que tout dans l'univers est fait d'énergie, et tout est basé sur des molécules qui vibrent – tes pensées, tes émotions et ton corps.

Commencez à percevoir les molécules qui constituent chaque chose et puis commencez à percevoir l'espace entre les molécules.

Vous êtes l'espace entre les molécules, et si vous êtes prêts à être l'espace entre les molécules, vous allez réaliser que tout est en vous. Vous ne subissez pas les effets de quoi que ce soit ; vous affectez les choses. Tout peut changer en se basant sur votre volonté d'être vous et de changer le monde.

Ensuite, la conscience de l'univers se rendra plus disponible pour vous. Votre plus grand pouvoir est votre conscience. Plus vous devenez conscients, plus vous allez donner du pouvoir, éveiller, illuminer et créer de plus grandes possibilités pour tout et tout le monde. La seule chose qui crée l'anti-conscience sur cette planète est les choix que les gens font.

Ok, nous sommes à la fin de cette classe, voulez-vous tous offrir toute l'énergie qui est requise à toutes les entités qui sont là pour recevoir votre facilitation ? Merci.

Cool, et maintenant déconnectez-vous d'elles, remerciez-les et dites leurs qu'elles peuvent s'en aller.

Merci à vous tous pour votre participation ce soir et merci d'être disposé à avoir une autre possibilité concernant ce sujet.

Classe : Merci, merci, merci.

Information

Pour plus d'informations concernant Shannon O'Hara et Access Consciousness, rendez-vous sur les pages suivantes :

www. TalkToTheEntities.com
Scannez le code pour plus d'informations

www.AccessConsciousness.com
Scannez le code pour plus d'informations

www.ingramcontent.com/pod-product-compliance
Lightning Source LLC
Chambersburg PA
CBHW011746220426
43667CB00019B/2916